为往圣继绝学

周敏◎编著

学者

中国出版集团
现代出版社

图书在版编目(CIP)数据

为往圣继绝学 / 徐铮编著. ——北京：现代出版社,2013.2　（2024.12重印）

ISBN 978-7-5143-1345-1

Ⅰ. ①为… Ⅱ. ①徐… Ⅲ. ①科学工作者－生平事迹－世界－青年读物②科学工作者－生平事迹－世界－少年读物 Ⅳ. ①K816.1-49

中国版本图书馆 CIP 数据核字(2013)第 025420 号

我的未来不是梦—为往圣继绝学(学者)

作　　者　周　敏
责任编辑　张　晶
出版发行　现代出版社
地　　址　北京市朝阳区安外安华里 504 号
邮政编码　100011
电　　话　(010) 64267325
传　　真　(010) 64245264
电子邮箱　xiandai@cnpitc.com.cn
网　　址　www.modernpress.com.cn
印　　刷　唐山富达印务有限公司
开　　本　700×1000　1/16
印　　张　12
版　　次　2013 年 7 月第 1 版第 1 次印刷　2024 年 12 月第 4 次印刷
书　　号　ISBN 978-7-5143-1345-1
定　　价　47.00 元

序　言

这套以“我的未来不是梦”命名的丛书，经过众多编者的数年努力，终于以这样的形式问世了。

此时，恰值党的“十八大”刚刚胜利闭幕，选举出了以习近平同志为首的党中央领导集体。“十八大”报告中对教育领域提出：“坚持教育为社会主义现代化建设服务、为人民服务，把立德树人作为教育的根本任务，培养德智体美全面发展的社会主义建设者和接班人。”这使我们编者更感此套丛书生即逢时，契合新时期新要求，意义重大。

我们编写的这套《我的未来不是梦》系列丛书，精选了古往今来的一些重要职业，尤以当下热点职业为重。而“梦想的实现”则是本套丛书的核心。整套书立意深远，观点新颖，切合实际，着眼实用，是不可多得的青少年优质读物。

我们深信，这套丛书必将伴随小读者们的生活与学习，而促进他们德智体美全面健康的成长。更使他们对未来充满信心，驾驭着新知识和新科技，驶入海洋，飞向蓝天，去实现最美好的梦想！

目录 CONTENTS

第一章 寻求超越的人们

学者何为……………………………………009
为无用之物献身的人们……………………011
学问产生的条件……………………………014
无用之用,方是大用 ………………………016

第二章 与知识相悦

两种演讲和四个赌局………………………023
闹腾的费恩曼先生………………………… 031

第三章 读书,还是读书

横扫清华图书馆……………………………045
读书种子……………………………………053

CONTENTS

第四章 一念专心

借玉通灵存翰墨，为芹辛苦见平生 …………065
与鲁迅相遇……………………………………076

第五章 触类旁通

精骛八极，心游万仞 …………………………089
天文学界的“八大改行”………………………097

第六章 “独执偏见，一意孤行”

在众声喧哗中扛起经典的大旗………………111
从一封公开信说开去…………………………121

第七章 救世情怀

这个世界会好吗………………………………131
8 月 6 日倒计时 ………………………………139

CONTENTS

第八章 出了象牙之塔

理论应用与普及……………………………151

易中天与百家讲坛…………………………158

第九章 远离光环

好在当时没有一鸣惊人……………………167

天文学界的傲慢与偏见……………………173

第十章 反思之为责任

读书之为生涯………………………………183

反思之为责任………………………………186

我的未来不是梦……………………………189

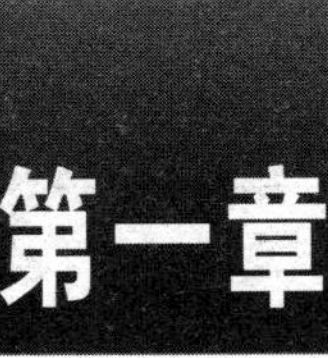

第一章

寻求超越的人们

导读

本书是一本关于学者的读物，因此，在第一章里开宗明义，我们需要先了解学者是怎样的一群人？学者的职业特质是什么？我们可以说学者是在某个学术领域有一定建树的人，也可以说学者是在学术机构从事研究的人。这些定义都不错，然而都太外在了，由于外在，进而也不普适——历史学者和生物学者研究的领域殊异，由外部看来，他们除了都从事研究外并没有什么共通点。那么，内在的特质是什么呢？我认为，这内在的特质便是寻求超越。学者，无论其致力于哪一领域，都一定不会被处境所拘囿；即使身处无边的泥淖，他们心中仍然装着日月星辰。

■ 一则老掉牙的故事

思忖再三，我决定以一个故事开始全书。这个故事的简化版本在很多文章中出现过，有时也作为中小学生命题作文的材料。这个故事的简化版本是这样的：

说有一位科学家夜晚观察星空，因为观察得太入迷，没看到脚边有个坑，失足跌了进去。一旁的女仆就笑："您那么关心天上的事情，却连脚边有个坑都不知道！"

看到这儿您或许会失望——还以为是哪个惊世骇俗的典故，原来就是它啊！这么一个故事又有什么深意呢？让我把被简化掉的内容还原回去，您再看这个故事：

米利都的泰勒斯夜晚观察星空，因为观察得太入迷，没看到脚边有个坑，失足跌了进去。一旁的色雷斯女仆就笑："您那么关心天上的事情，却连脚边有个坑都不知道！"

乍一看，也无非就是加上了具体的地点和人名，况且这个故事是发生在米利都还是米仓山，那个科学家是泰勒斯还是毕达哥拉斯，又有什么要紧呢？殊不知，这个故事全部的意义几乎都在"泰勒斯"这个人名上。泰勒斯何许人也？他可不是随随便便某个"科学家"，他是西方历史上第一位哲学家——在当时来讲，"哲学家"可以看作是"学者"的同义词，因此，他的所作所为，他的一言一行，都为以后万世的学者树立了标杆。记录这个故事的，也不是随随便便某个人，而是古希腊哲学巨擘——柏拉图（Plato）。柏拉图之所以要在其《泰阿泰德篇》(*Theaetetus*)中写下泰勒斯这则小轶事，也是要告诉此后亿万斯年的人们，学者究竟应该是什么样的人。

学者，应是永远仰望天空的人。天空是什么？是真理，是万物的因果，是超越了自身立场的信念。天空是任意驰骋的所在，同时，如同所有美德都包含与其等量齐观的恶一样，天空也是“无用”的东西。于是，我们也可以说，所谓学者，就是热爱那些“无用”之物的人们。

这一章接下来的内容会主要围绕古希腊展开，这是因为在启蒙之光重新照亮人类之前，全世界任何一个时代的任何一个角落，都没有像古希腊那样，聚集了那么多热爱无用之物的人们。

■ 为无用之物献身的人们

古希腊学者研究的东西在当时是多么的无用，让我们以建筑的例子说明之。古罗马的建筑历来为人所称道，仅仅是看看罗马大角斗场（Colosseum）或潘提翁神庙（Pantheon, Rome）的遗迹，便足以令人叹为观止，遑论其未经沧桑巨变前的金碧辉煌、美轮美奂。建筑学方面，古罗马的代表人物是著有《建筑十书》（*De architectura*）的维特鲁威（Marcus Vitruvius Pollio），但就是这位代表人物，集大成者，也承认自己在数学、几何学方面的学术素养较之古希腊的先贤简直不值一提。古希腊学者已经开始对圆锥曲线进行研究了，维特鲁威能做到的还只是丈量面积一类简单（却实用）的测量和运算。维特鲁威算出来的圆周率是3.125，而在他之前两百年，古希腊的阿基米德（Archimedes of Syracuse）已经算出了远为精确的3.14。没错，建造那些无与伦比的殿堂庙宇时，采用的圆周率居然是3.125！事实上，古埃及人使用的圆周率更粗糙，是3，但这丝毫没有妨碍他们造出世界七大奇迹之一，而且是目前仅存的奇迹——金字塔。相似的情景在今后人类历史的舞台上不断重演，典型的还有牛顿（Isaac Newton）和莱布尼茨（Gottfried Wilhelm Leibniz）几乎同时研究出来的微积分，在那个时代，全人类任何一种实际的工作，都用不上微积分，它只是个高雅且精致的玩具，是天空中一颗熠熠闪烁的星——现实不是童话，无论怎样璀璨的星，都不会满足你的愿望，它变不成佳肴美馔，也换不来良田美宅。

为了仰视天空，泰勒斯跌进了坑里。更有甚者，为了仰望星空付出了生命。

上文提到的阿基米德便是一例。公元前212年，罗马大军经过数年的围攻终于攻陷了阿基米德的家乡叙拉古，开始劫掠和屠杀。一名粗暴的罗马士兵踢开了一户人家的大门，出人意料地，没有之前几户人家的惊叫、哀嚎和求饶，屋里静悄悄的，一位老人正在沙堆前演算着什么。当罗马士兵把短剑架到老人脖子上时，老人只是平静地说："请注意别踩坏我的圆。"士兵被这种态度激怒了，手起刀落。古代世界最伟大的学者之一——阿基米德，就这样死在了一个籍籍无名的赳赳武夫之手。英国哲学家、数学家怀特海（Alfred North Whitehead）在谈起阿基米德之死时说了如下一番话："从没有一个罗马人是因全神贯注于对数学图形的冥想而丧生的。"因为罗马人不是学者。

如果说阿基米德死于刀下，毕竟含有些许被动的意味。那么还有一个人，为了自己天空的纯净，主动放弃了生机。

苏格拉底（Socrate），古希腊哲学家，被誉为西方哲学的奠基人。他的一生都在思考严肃的伦理学问题，并尽自己一切所能去引导青年走上善的道路。具有讽刺意味的是，这样一位学而不厌、诲人不倦的学者和导师，最终却因"败坏青年"等罪名（此外还有"信奉自己捏造的神而不信奉城邦公认的神"）而被送上了雅典的法庭，并被治罪下狱，等候死刑。他的众多弟子中不乏名门贵胄，得知老师蒙难，纷纷解囊，不惜重金，终于打通了各个关节。苏格拉底此时只需跟随已被买通的狱卒，便可按照之前定好的路线顺利越狱，外面，就是生和自由的世界。然而苏格拉底谢绝了学生们的好意，在苏格拉底的伦理学中，城邦的法律是值得被尊重和践行的，这是城邦的公民与城邦之间的契约。如果他这次逃走了，就等于背叛了自己经过深思而得到的原则，这样一来，伦理学就会失去重量，沦为虚伪的空谈，今后人们又当怎样教育我们的青年呢？他给学生们留下了最后的一段话："如果没有骨肉，没有身体的其他部分，我是不能实现我的目的的。但是，说心灵的行动方式就是如此，而不是选择最好的事情，那可是非常轻率的、毫无

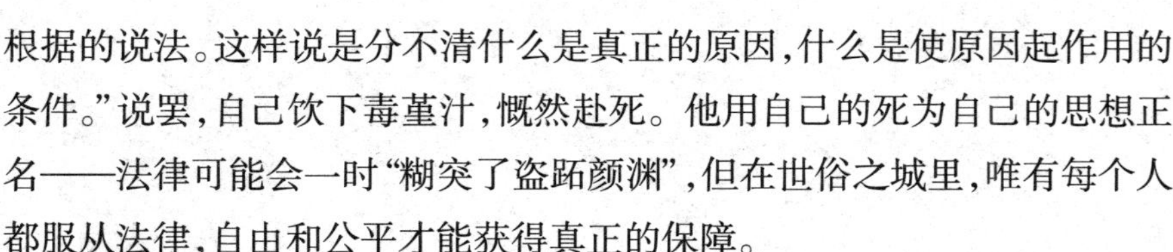

根据的说法。这样说是分不清什么是真正的原因，什么是使原因起作用的条件。”说罢，自己饮下毒堇汁，慨然赴死。他用自己的死为自己的思想正名——法律可能会一时“糊突了盗跖颜渊”，但在世俗之城里，唯有每个人都服从法律，自由和公平才能获得真正的保障。

苏格拉底之死，相比同样著名的屈原自投汨罗，更为不朽。屈原的家国情怀不可谓不高尚，然而终究没离开自身的际遇，苏格拉底则是在追求超越了自身处境、超越了一时一事得失的普遍而应然的真理。千年以后，世上已无所谓秦楚；而究竟什么是正义，什么是善的伦理学追问，只要人类还存在一天，就不会终止。

■ 学问产生的条件

古希腊的学者可不止泰勒斯、苏格拉底和阿基米德。如果问古希腊的学者有哪些，你将得到一连串光辉的名字——提出黄金分割率、奠定希腊数理天文学基础的毕达哥拉斯（Pythagoras of Samos）；以四大悖论探讨有限与无限的芝诺（Zeno of Elea）；在两千多年前便提出原子论的天才构想，从而使自然万物可以用基于相同基础的科学方法来表述的德谟克里特（Democritus）；"医学之父"希波克拉底（Hippocrates of Cos）；"历史之父"希罗多德（Herodotus）以及有八卷本《伯罗奔尼撒战争史》（*History of the Peloponnesian War*）传世的历史学者修昔底德（Thucydides）。更有集大成的"古希腊三杰"的另外两位——柏拉图、亚里士多德（Aristotle）。进入希腊化时期，又涌现出几何学巨匠欧几里得（Euclid of Alexandria）；在其他地区的人们还相信"天圆地方"时便已基本准确地算出地球周长的埃拉托色尼（Eratosthenes of Cyrene）等一众英才。在拉斐尔（Raffaello Sanzio da Urbino）那幅著名的《雅典学派》中，这些学者齐聚一堂，风云际会。哲学、逻辑学、伦理学、代数学、几何学、物理学、生物学、医学、天文学、地理学、气象学、文艺学、历史学、政治经济学等等今天大的学科，在古希腊时期均已成形，且其研究的高度，有的要在千年之后才被超越——欧几里得的几何原本（*Euclid's Elements*），放在今天也是优秀的教材；亚里士多德的《诗学》（*Poetics*），迄今仍是研究文艺理论不可回避的高峰。

须知，那时整个人类文明的概况是：古希腊以外的地区，要么聚集着蒙

昧未开的人群，根本无知识可言；要么是为暴君统治的国度，知识被少数人垄断。古希腊取得的上述一系列辉煌，就更显得弥足珍贵。是什么原因促成了古希腊在学术上的群星璀璨？亚里士多德在其《形而上学》（*Metaphysics*）中总结出了三点原因。这，也可看作学者必备的三点素质：

第一是“惊异”，即人对未知事物的好奇。这种好奇没有任何实用的目的，仅仅是出于对万物的奥秘与因果的痴迷。

第二是“闲暇”，即不必为生活而奔波劳碌，有余暇从事复杂的脑力活动。这一点看似自己无法掌控，当前，“越来越忙”成为越来越多人的口头禅。但实际上，这些“越来越忙”的人多半并未到了不如此这般地忙生活便无以为继的程度。是选择忙着挣更多的钱还是把这些时间和精力用来读书、思考？余暇，某种程度上是选择出来的。

第三是“自由”，即在对学问的研究和思考上，不受任何外界力量的左右。能做到这一点，也是源于做学问是一种自足的行为，只是为了满足内心的求知欲而不为任何其他。既然不为其他，自然也不会被其他所左右。一旦学问中掺杂了功利的目的，则必然受制于外物，自由也就随之丧失了。

■ 无用之用，方是大用

继古希腊的辉煌之后，西方历史进入了一段掷玉毁珠、暗无天日的岁月。

如果要选择某个戏剧性的事件作为这个黑暗时代开始的标志，我则会选择美丽的女数学家、哲学家、亚历山大学派的领袖希帕蒂亚（Hypatia）被一伙愚昧却偏激的狂徒虐杀以及亚历山大图书馆的珍贵藏书被拿去做公共浴室的燃料之事件（这之后，亚历山大图书馆中的藏书更是遭到了灭顶之灾）。

古希腊的学术传统黯淡了下去。

当然，绝不是只有古希腊才有学者，才有学问的传统。倘如此，则人类文明岂不是要西方独亮？

只不过在对知识的追求上，其他文明可能没有古希腊那么纯粹；在对知识的热情上，其他文明可能没有那么狂热罢了。

按照英国历史学家汤因比（Arnold Joseph Toynbee）的说法，中国春秋战国时代的形态与古希腊是很像的（由文化上具备共识而政治上相互竞争的多个国家组成的共同体）。在那个时期，学术界、思想界也确实出现了百家争鸣的局面，宇宙人生的种种可能的向度，中国的先贤们也认真地思考过，并时有精辟的阐述。即使进入了大一统的时代，罢黜百家独尊儒术，中国的学者依然没有因此而桎梏自己的研究，放弃学问上的进取心，从汉儒、唐儒、理学到心学的流变，可以看出中国学人不断吸收异质的营养的努力

和化用这些营养的才能。

印度则向来就有思辨的传统。佛学的背后，是像因明学、唯识学这样庞大的学问体系。

总体而言，中国的学问传统偏重于经世致用，这或多或少影响了理论研究的深度和广度。

印度的学问系统则以整体性见长，欠缺与之对应的精确性。由于上述的缺陷，中、印的学术未能取得古希腊那样的辉煌，但这些"缺陷"同时也是对古希腊传统的一种有益的纠偏和补全。

让我们重新看回西方。黑暗降临了，然而黑暗就这么永远笼罩下去吗？不会的！因为，总有一些人，无论被污浊的时世怎样压弯了背脊，也还是要努力地抬起头，去仰望日月星辰的。

总有一些人，怀着对知识的毫无功利目的的爱，活过一生。终于，人类迎来了文艺复兴和启蒙。

这是古希腊传统伟大的复兴与升华，是全人类走向文明的新的起点。扛起这场伟大复兴旗帜的，不是那些大权独揽的君王，不是那些威风八面的军人，不是那些腰缠万贯的巨贾，而是一个个学者。

洛克（John Locke）、霍布斯（Thomas Hobbes of Malmesbury）、伏尔泰（Voltaire）、狄德罗（Denis Diderot）、卢梭（Jean-Jacques Rousseau）用他们自己的研究和著作，让理性、自由之光重新照亮人们的精神世界。与此同时，学问这条"潜龙"终于迎来了它"无用之用，方是大用"的时代——

知识与技术结合，创造了一个又一个奇迹。

这个无需赘言，今天的我们，每天都在享受历次科技革命的成果。

谁能想到，当年精致的玩具，成为今天让人类上天入地的法宝。

学问改变了社会的形态。如果没有霍布斯的《利维坦》（*Leviathan*），没有卢梭的《社会契约论》（*Of The Social Contract, Or Principles of Political Right*），没有孟德斯鸠（Charles-Louis de Secondat, baron de La Brède et de Montesquieu）的《论法的精神》（*The Spirit of the Laws*），没有亚当·斯密（Adam Smith）的《国富论》（*An Inquiry into the Nature and Causes of the Wea-*

lth of Nations）……你能想象今天的我们生活在怎样的制度下吗？

或许，人们还在被专制君主所统治，俯首听命、懵懂无知，一如草芥。

学者影响了国家民族的命运，感化了人心。

西方的例子已不必说，在中国，陈独秀、李大钊、胡适、鲁迅等学者发起的新文化运动，驱散了老大帝国千年的封建阴霾，将“德先生”、“赛先生”的种子撒播到赤县神州，在国人心中落地生根，成为之后一系列深刻的社会变革的契机。在日本，福泽谕吉的《文明论概略》为维新与转型指明了方向，为民智的开启打通了道路。

学者的好时代来了，但学者的本色并没有变。不会因为学问由无用变为有用，就生出一分市侩的心。

■ 泰勒斯的另一个故事

本章以泰勒斯的故事开始，那么也以泰勒斯的故事结束吧。亚里士多德在其《政治学》(*Politics*)中记录道：

泰勒斯学富五车，生活却很拮据。

人们嘲笑他说知识有什么用，看你那穷样。泰勒斯对此不以为意，因为要回击这种闲言碎语实在太容易了。

一年，他利用自己的天文学知识预测到来年橄榄会大丰收，于是用自己所有的积蓄提前包下了所有的榨油作坊。第二年，正如泰勒斯所料，橄榄大丰收，泰勒斯赚了个盆满钵满。

这个故事告诉我们：即使在现在这个好时代之前，学者也完全有能力让学问变得于自己有用，只是他们的抱负不在此而已。

也正是因为对无用的执著——即不追求能即刻、有效改善自身处境的小用，才有日后学问的大用。

摆脱对自身立场和处境的计较，我们称之为“超越”，学者，就是一群寻求超越的人们。

智慧心语

热爱真理的人在没有危险的时候爱着真理，在危险的时候更爱真理。

——[古希腊]亚里士多德

我思故我在。

——[法]笛卡尔

科学是分门别类的知识；智慧是井井有条的生活。

——[德]康德

"他沉沦，他跌倒。"你们一再嘲笑，须知，他跌倒在高于你们的上方。他乐极生悲，可他的强光紧接你们的黑暗。

——[德]尼采

从伟大的认知能力和无私的心情结合之中最易于产生出思想智慧来。

——[英]罗素

第二章

与知识相悦

导读

这一章叫"与知识相悦",大体而言,可以解释为对知识的爱。做任何一件事情,爱总是第一位的。这世界上有意义的事何其多也,弱水三千,我却只取一瓢饮。缘何取这一瓢而不取那一瓢?因为爱。对财富有爱,我们大概会去当企业家;对叱咤风云有爱,我们可能会崇拜政治家、军事家;对艺术有爱,我们便会向作家、画家的方向努力……因为对知识的爱,我们选择成为学者。然而"爱"又不完全等同于"相悦","爱"有时也不免有苦楚的,而"相悦",则强调一种快乐——享受探索知识带来的乐趣,是学者不竭的动力。

■ 两种演讲和四个赌局

励志成功学，近来是颇火的。成功学的书，在书店里享受单辟一区的待遇；融合一些国学知识的励志讲座，更是被制成 DVD，在几乎每一个上些档次的公共场所播放。

然而如火如荼，便也难免泥沙俱下。

良莠不齐，甚至真假难辨的诸大师群中，有一位，提起他的名字，即便最挑剔刻薄的批评家也会由衷敬佩。这块不折不扣的“真金”便是尼克·胡哲(Nick Vujicic)。

尼克·胡哲，塞尔维亚裔澳大利亚人，天生没有四肢(准确地说是没有双臂和右腿，只有一个被他自己戏称为“小鸡腿”的短短的左腿)。如果你也不幸成为这种“先天性四肢切断症”(Tetra-amelia syndrome)的患者，你将如何度过自己的一生?

自怨自艾?怨天尤人?

或许你足够坚强，努力做到生活自理——对于绝大多数人而言，这已经是再好没有的极限了。

再往下，还能有什么奢求吗?

能!

尼克·胡哲不仅仅把自己的生活料理得井井有条，简直可以说生龙活虎——他获得了格里菲斯大学(Griffith University)的双学位；骑马、游泳、高尔夫，这些肢体健全的人也未必能掌握的运动，他样样得心应手。更重

要的，他成为一名杰出的演说家，用自己的坚强、乐观、友善去激励更多更多的人。

听过尼克·胡哲演讲的人都会被其深深感染。

其演讲不像国内某些励志美文写的那样：

痛说自己不堪回首的过去，高歌自己如何迎难而上的业绩，最后反诘听者——我都可以，你们为什么不行？！

不是的，尼克的演讲虽然也以自己先天的缺陷作为主要素材，但完全没有对苦情的偏执和对听众的傲慢，而是充满了阳光般的幽默感和宗教的慈悲心，让人于不知不觉中获得奋发的力量。

尼克的演讲是极好的，然而下面说的这种演讲，境界或许更高。同样，在说演讲之前，先来介绍演讲人——英国物理学者，被誉为继爱因斯坦之后最杰出的理论物理学家——史蒂芬·霍金。

1642 年 1 月 8 日，现代科学之父伽利略逝世，300 年后的这天，霍金出生于英国牛津。

少年时代，他成绩优异（尽管霍金总是自谦成绩平平，然而查考当年资料可知，霍金绝对在优等生之列），并因喜欢探究宇宙的奥秘被冠以“爱因斯坦”的绰号。

霍金于 17 岁便考入牛津大学，以一等成绩毕业转入剑桥学习他朝思暮想的宇宙学。在牛津的生活被霍金形容成懒惰且充满厌学情绪的，对他日后的学者生涯无甚裨益，与之后获益匪浅的剑桥岁月相比，显得可有可无。然而这期间确实发生了一件事，一件彻底改变他人生的大事。

那是一个波澜不惊、岁月静好的午后，霍金看见自己的鞋带开了，于是很自然地弯腰去系。可怕的事发生了：霍金发现自己的动作异常笨拙，一根小小的鞋带，他却无论如何不能将它系好。医院诊断的结果，恰似一封死刑判决书，让霍金的未来霎时黯淡——他得了“肌肉萎缩性脊髓侧索硬化症”（Amyotrophic lateral sclerosis）。而医生开具的药方，仅仅是几瓶维生素片——因为真的没有任何方法可以医治这种病症。

所有人都认为霍金会在两三年内死去，但或许是上天认为人类的物理

学发展还得不够快，于是让这位天才活了下来，代价则是在今后的岁月里逐步丧失身体的活动能力。

开始是频繁地无故跌倒，之后是拿不起汤勺……

在1985年的一次肺炎后，灾难性地，霍金不能够发声了。而他的手，早在多年前便已瘫痪。这意味着他失去了所有将自己精确的想法传达给外界的手段。对于一个学者而言，这无疑是灭顶之灾。

对宇宙学、物理学研究热爱到痴迷的霍金怎会轻易放弃自己的学者生涯呢？他用一种常人无法想象的方法，执拗地继续着他的事业——他让他的同伴依次指写在大板子上的字母，当指到他需要的字母时，他便扬一扬眉毛——这个他全身上下为数不多还能自如活动的部位，他的同伴将这个字母记下，然后再从第一个字母依次指起，如此循环往复。这种交流无疑是极端低效的，电子科技在这时发挥了举足轻重的作用。

剑桥为霍金量身打造了一台语音合成装置，这台装置可由头部或眼睛轻微的动作来控制，逐级选取屏幕上需要的词汇，并能将选取的词汇朗读出来。

利用这一装置，霍金可以每分钟表达15个左右的词汇；霍金的演讲生涯，便随之开始了。

这位几乎全身瘫痪，歪坐在轮椅上，只能靠机器断断续续发声的演讲者，其受欢迎程度却是空前的。

有人说霍金的书销量超过麦当娜的《性》(Sex)，而霍金演说现场的盛况，比起麦当娜的演唱会也丝毫不逊色。值得注意的是，与尼克·胡哲不同，霍金的每一场演说都是关于宇宙学的，几乎从不涉及自己可悲的命运——尽管这是演说的绝好题材。偶尔提到，也是轻描淡写，说那场病带给自己最大的影响便是让他认识到生命的可贵，能活着继续研究宇宙学，真好！

看，落脚点还是他的宇宙学。

尼克无疑是战胜病魔的强者，但在他的演说中，他还是或多或少地输给了他的病，因为毕竟，他的演说是围绕其缺陷展开的。

而在霍金的演讲中，自己的病例只是一个不争的事实，仅此而已。

与黑洞的性质、裸奇点是否存在这些奇妙而有趣的问题相比，身体的缺陷有什么值得花那么多的精力去关注的呢？

霍金的演讲中没有苦大仇深的矫情，亦不见呆板的学究气。即使是合成器不很流畅的表达，也处处透露出奇趣和妙想。宇宙学之于霍金，是一种娱乐，一种带给他无限乐趣的游戏。

霍金对知识的这种“相悦”，不是演讲中的一时之“秀”，而是贯穿其生活、学习的始终。

霍金有个爱好，在物理学界是出了名的——爱打赌。

据说霍金12岁时，他的两位朋友曾用一袋糖赌他今后不能成才，霍金笑言至今不知这个赌谁输谁赢。不知是不是这个带有挑衅意味的赌注激起了霍金对打赌的兴趣，让他养成了这种爱好，即使是关乎宇宙奥秘的重大命题，他也每每要跟同行赌上一赌，给严肃的学术研究加入一些谐谑的调味剂。他与美国理论物理学家基普·索恩（Kip Stephen Thorne）、约翰·普雷斯基（John Phillip Preskill）的三次“豪赌”一直为学界津津乐道。

第一次打赌是关于天鹅座X-1是否为黑洞（Black hole）。

这次霍金可谓别出心裁，让自己无论结果如何都是赢家。赌博怎么可能无论结果如何都是赢家呢？原来霍金穷尽毕生心血研究黑洞，但有一个“阴影”始终笼罩着他——如果黑洞只是理论上的一个概念，而事实上不存在，自己的研究岂不成了屠龙之术？为了避免到时候一无所有（霍金本人如是说），他幽了自己一默，于1975年（一说1974年末）与索恩赌黑洞是否存在。出人意料地，为黑洞倾尽心血的霍金竟押黑洞不存在。这样一来，如果他“幸运”地赢了赌局，则他之前的心血就全白费了，但至少，他能得到四年的《私家侦探》（*Private Eye*）；如果“不幸”输了赌局，霍金赔索恩一年的《阁楼》（*Penthouse*，与《花花公子》齐名的男性杂志），而相应地，他的研究获得了意义。

天鹅座X-1（Cygnus X-1）被发现于1964年，其质量高达太阳质量的14.8倍，系当时地球上能观测到的最强X射线源之一，因而被普遍认定为

黑洞的"候选"。

霍金与索恩打赌的焦点,也就集中在这一双星系统上。1990 年,观测数据显示天鹅座 X-1 中存在引力奇点(Gravitational singularity),这基本上可以判定霍金赌"输"了。

相传当时霍金正在南加州大学(University of Southern California)演讲,得知这一消息后,"闯"入索恩办公室,让人找出当年的赌据,当场按手印(霍金的手指尚能轻微活动),兴高采烈地认输了。这件事还有个让人可发一噱的结局:索恩的夫人得知霍金输给索恩的是一年的《阁楼》,十分不满。在她的强烈要求下,霍金将《阁楼》换成另一种老少咸宜的杂志。

就在第一次赌输后不久(1991 年),第二场赌局开始了。

这次霍金和索恩站到了一条战线上,对手是约翰·普雷斯基。

这次要赌的是"裸奇点"(Naked singularity)是否存在。在广义相对论(General relativity)中,黑洞是由引力奇点和包围它的事件视界(Event horizon)构成的,如果没有那层事件视界,这个奇点就成为了裸奇点。裸奇点的存在与否及其性质,是检验量子引力(Quantum gravity)理论的一块试金石,具有极大的意义。

霍金这次赌裸奇点不存在,输的人需要给对方一件"遮蔽裸体"(暗示那个"裸奇点"的"裸"。霍金真有趣)的 T 恤,并在衣服上写上服输的字句。后来的研究表明黑洞经过"霍金辐射"(Hawking radiation)的过程会生成裸奇点,霍金这时玩起了文字游戏,说量子过程产生的裸奇点不是当年赌约里说的由于广义相对论产生的裸奇点。

然而到了 1997 年,科学家通过超级计算机证明黑洞在坍缩的过程中也有可能产生裸奇点。

再一次赌输的霍金 "不服不忿" 地给老朋友普雷斯基送上一件 T 恤,并在上面打趣地写道:

"大自然讨厌裸露。"

又败一阵的霍金反倒愈挫愈勇,紧跟着打了第三个赌。

霍金"声称":信息经过黑洞将灭失,黑洞中产生的辐射都是新生成的,与之前的信息无关——这一理论因违背量子力学而被称为“黑洞信息悖论”（Black hole information paradox），如果这一悖论成立，则量子力学（Quantum mechanics）可能被推翻。

2004 年的一次研讨会上，霍金承认自己又输了，心悦诚服地向普雷斯基奉上了砖头儿般的棒球界圣经——《棒球大全：究极棒球百科全书》（*Total Baseball:The Ultimate Baseball Encyclopedia*）。这一次，霍金仍旧虽败犹荣，因为量子力学赢了。

霍金、索恩、普雷斯基的三幕小喜剧暂且告一段落。

转眼到 2012 年，霍金又为一个发现赌输了 100 美元。2012 年 7 月 4 日，欧洲核研究组织 CERN（European Organisation for Nuclear Research）发现了与标准模型（Standard Model）预言的最后一种基本粒子——希格斯玻色子（Higgs boson）高度一致的粒子。这种被大众传媒尊为“上帝粒子”的基本粒子的存在将证实希格斯机制（Higgs mechanism，主旨即基本粒子通过与希格斯场作用而获得质量）的正确性，进而解释之前几乎一切实验结果。一如既往地，霍金将赌注押在了自己不愿见到的一方（即希格斯玻色子不能被发现）。

媒体采访霍金，问及这一发现的意义，霍金对此给予了高度评价，并称彼得·希格斯（Peter Ware Higgs，英国理论物理学家，希格斯机制的提出者）应以此获得诺贝尔奖。

最后，霍金来了一个转折：“看起来，我刚刚输掉了 100 美元。”

说这句话时，摄像机前的霍金顽皮地笑了笑，因为疾病，那笑容并不好看，但灿烂无比——他知道，他所研究的领域又大大地进步了。

逐梦箴言

霍金曾化用过尼采的一句话："如果生活没有了乐趣，那将是一场悲剧。"(Life would be tragic if it weren't funny.)

知识链接

史蒂芬·霍金

史蒂芬·霍金(Stephen William Hawking, 1942~)，英国理论物理学家，被誉为爱因斯坦之后最杰出的物理学家，肌肉萎缩性侧索硬化症患者。

霍金的主要研究领域是宇宙论和黑洞，证明了广义相对论的奇性定理和黑洞面积定理，提出了黑洞蒸发现象和无边界的霍金宇宙模型，在统一20世纪物理学的两大基础理论——爱因斯坦创立的相对论和普朗克创立的量子力学方面走出了重要一步。

生在牛津、学在剑桥的霍金绝不是个死板的学究，相反，他还是一位畅销书作家——他很知道怎么让自己的书畅销，并且很会选择出版社。其第一部著作《时间简史》没有就近就便选在剑桥出版，而是将版权卖给了他更看好的美国班坦·戴尔出版集团(Bantam Dell Publishing Group)，果然创下了千万销量的佳绩。《时间简史》的出版在出版史上也是一段有趣的佳话。

现将已出版的霍金的主要著作列示于下：

《时间简史》(*A Brief History of Time*, 1988)

本书讲述了关于宇宙的起源和命运，主要介绍了什么是宇宙、宇宙发展的最新状况和关于宇宙本性的最前沿知识，解释了黑洞和大爆炸等天文物理学理论，要表达的终极意图便是时间的无始无终。

《时间简史》这本书可以说是一部写给普通人看的物理学著作，用最简单的语言阐述最深奥的宇宙原理，同时，它也是一本当代青年不可不读的经典名著。

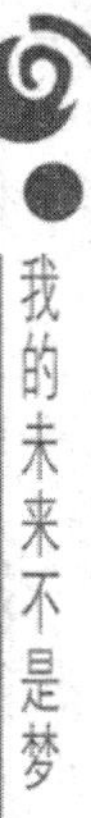

1991年,《时间简史》的纪录片上映,该片耗资350万英镑,使更多的人可以通过电影这一视听媒介来了解他那深奥莫测的学说。

《黑洞、婴儿宇宙及其他》(*Black Holes and Baby Universes and Other Essays*, 1994)

《果壳中的宇宙》(*The Universe in a Nutshell*, 2001)

《大设计》(*The Grand Design*, 2010)

此外,童心未泯的霍金还同他的女儿、小说家露西(Catherine Lucy Hawking, 1969~)合著了三本科幻小说,欲与"哈利·波特"系列一较高下,它们是:

《乔治的秘密宇宙钥匙》(*George's Secret Key to the Universe*, 2007)

《乔治宇宙寻宝记》(*George's Cosmic Treasure Hunt*, 2009)

《乔治与大爆炸》(*George and the Big Bang*, 2011)

知识链接

先天性四肢切断症

先天性四肢切断症(Tetra-amelia syndrome),一种极其罕见的先天性疾病,患者四肢先天性发育不完全。得这种病的婴儿往往在出生后不久便因肺部的发育问题而夭折,幸存者寥寥。但那些躲过死神,并且勇敢战胜命运的人,都为自己的人生打出了一片天地。除了尼克·胡哲,另一位患有这种罕见疾病的名人是日本作家乙武洋匡(1976-),其代表作是《五体不满足》。

希格斯玻色子

希格斯玻色子(Higgs boson),一种基本粒子。在介绍这种粒子之前,首先要介绍何谓"希格斯机制"。

在对基本粒子的研究中,科学家发现有些基本粒子拥有质量而另一些质量为0。为了解释这一现象,英国理论物理学家彼得·希格斯(Peter Ware Higgs, 1929-)提出了希格斯机制——简单地讲,他假设存在所谓"希格斯场"(Higgs field),如果基本粒子同希格斯场发生作用,则获得质量;反之,则质量为0。这个假说是否成立,取决于这个场是否真实存在,而如果希

知识链接

格斯场存在，则必然有其副产品——希格斯玻色子。因此，所有的关注点都落在了这小小的粒子上。

2012 年 7 月 4 日，欧洲核研究组织 CERN 宣布发现了一种新的玻色子，其特征与之前推测的希格斯玻色子应具备的特征相似，极有可能就是“上帝粒子”——希格斯玻色子。

关于“上帝粒子”这个绰号，源于美国物理学家莱昂·莱德曼（Leon Max Lederman，1922~ ）的著作《上帝粒子：如果宇宙是答案，究竟什么是问题？》（The God Particle: If the Universe Is the Answer, What Is the Question?）。

■ 闹腾的费恩曼先生

学者总是给人以严肃、沉稳的印象，其实学者中爱闹爱耍、一刻不得安生的家伙也不在少数。能闹腾的里边拔了尖儿的，当属这位费恩曼（一译“费曼”）先生。

理查德·费恩曼（Richard Phillips Feynman），美国物理学者，1965 年诺贝尔物理学奖得主，费恩曼图（Feynman diagram）的提出者，量子电动力学（Quantum electrodynamics）大家，被同行、美籍英裔的数学物理学家弗里曼·戴森（Freeman Dyson）评为 20 世纪最聪明的科学家。

这么多的光环掩映下的人物，定是位派头十足、不苟言笑的老学究吧？

错，错，错。

这位费恩曼先生之爱闹、能闹、会闹远在一般顽童之上。闹腾的背后，是对知识的相亲、相悦。

如此怪才是如何被培养出来的呢？让我们追溯他的童年。1918 年，费恩曼生于纽约。其父母均为“亚实基拿犹太人”（Ashkenazi Jews，这个专有名词在国内的文献中并不常见，但如果告诉您这个专有名词与弗洛伊德、卡夫卡、爱因斯坦这些伟大的名字相关，相信您会记住它的），“公开的无神论者”。此处之所以提到费恩曼的父母，是因为费恩曼的父亲麦尔维尔对费恩曼的成长产生了不可估量的影响。

这位日后的天才直到 3 岁时才吐出平生的第一个单词，但其父对其依然寄予厚望。

待到费恩曼稍长一些，麦尔维尔便经常将小费恩曼放到自己怀里，陪他一起读《不列颠百科全书》。

牛群、冯巩有个相声说父母教育子女不得法，成天就是背十万个问什么，吃着饭背，刷着碗背，躺在床上还是背……麦尔维尔可绝对不是这样，他鼓励费恩曼提问，鼓励费恩曼挑战书中权威的说法。

大胆质疑、独立思考，在这种日积月累的耳濡目染中逐渐成为了费恩曼为人、治学的底色。

说到百科全书，还有一件趣事，那时费恩曼刚考入麻省理工学院，同寝室的有两位大四学长。一日费恩曼看到两位学长苦思冥想一道在他看来很简单的题，实在憋不住了，便脱口而出："你们为什么不用伯劳拉拉方程式试试看呢？"把两位学长说得一愣。后来才知，费恩曼是指"伯努利方程"（Bernoulli differential equation）——他是从百科全书中学会这一方程的，并不知道正确的发音。事后费恩曼幽默地总结此事：练习大四的物理习题和学习怎么发正确的音，倒真是受教育的好方法。

高中时的一次智商测验测出费恩曼有 125 的高智商。15 岁那年，费恩曼就凭兴趣自学了三角学、高等代数、解析几何和微积分。然而费恩曼可不是那种温良恭俭让的好学生，他经常戏耍别人。但这些戏耍绝非人们常说的"傻淘"，里面饱含着对知识的近于"狎昵"的热爱，用《红楼梦》里贾政的话来说，就是一种"精致的淘气"——

在麻省理工学院上学期间，有个同学拿着一把曲线尺，问曲线尺上的曲线有没有什么特殊的方程式。费恩曼想了想，故作高深地说："有。这把曲线尺不管怎么转动，曲线最低点的切线一定是水平线。"大家于是纷纷拿起曲线尺验证费恩曼的说法，发现果如费恩曼所说，大呼惊奇。费恩曼则在心里窃笑：曲线最低点的微分都等于零，大家不是早就学过吗？不知变通的同学们啊！

还有一次，是他在普林斯顿大学读研究生时发生的事。那天他和爱因斯坦一位老练的助理聊天，他为对方设计了一道难题：假设你坐在火箭上，火箭被发射升空，火箭里放一个时钟，地面上也放一个时钟。我们要求地

面上的时钟走了一小时的时候，火箭必须回到地球。这样你自然希望火箭返航时，火箭上的时钟尽量领先。根据爱因斯坦的理论，火箭飞得愈高，地心吸引力愈小，时钟会走得愈快。矛盾的是，由于你必须在一小时内回到地球，你的飞行速度就必须非常快，这样反而减慢了时钟走的速度。请问你应该怎样调整速度和高度，才能让火箭上的时钟尽量领先？

这位助理苦想了很久，才发现这道题只需按照解决自由落体问题的方法，再结合爱因斯关于本位时间（proper time）的一些知识便可轻易解出，自己被这个年轻人戏弄了一道儿！

费恩曼在校期间的奇人奇事不胜枚举，在此就不一一赘述了。

寒来暑往，日居月诸，1942 年，费恩曼获得哲学博士学位，这对于任何一个人的学术生涯而言，都可以算作一座里程碑。

费恩曼在美国太平无事的象牙塔里接过自己学位证书的那刻，大洋另一端的旧大陆正饱受战火蹂躏，法西斯的铁蹄踏碎山河无数。

一件更可怕的消息是：德国法西斯正欲研制一种前所未有的强力武器，有了这种武器，动画片里才有的"统治世界"的桥段似乎离现实也不那么遥远了。这种武器后来在日本的广岛与长崎展示了它末日审判式的巨大威力，它便是——原子弹。

为了避免人类被一种邪恶的制度统治，同盟国方面决定赶在希特勒之前开发研制出原子弹，于是于 1942 年 6 月启动了后来举世瞩目（当时严格保密）的曼哈顿工程。

费恩曼经威尔逊（Robert Rathbun Wilson）的邀请，参与了这项计划。（初步参与会议是在拿到博士学位之前，正式前往洛丝阿拉莫斯研究基地时已取得博士学位。）

即使加入到为人类前途而战的行列中，费恩曼仍不改其"闹腾"本色。别看他当时只是个名不见经传的小角色，但只要认为自己的研究结果是对的，哪管对方是费米（Enrico Fermi，1901-1954，美籍意大利物理学者，1938 年诺贝尔物理学奖得主）还是玻尔（Niels Henrik David Bohr，1885-1962，丹麦物理学者，1922 年诺贝尔物理学奖得主），当面就说"你错了！""这行不

通！”很多时候正中这些大师的盲区。

他改良了当时的计算机使用流程，自创了一套专业分工、流水作业的计算机操作法，将计算效率提高了数倍。

最有意思的，是费恩曼在这期间还自学成才，成为了撬锁专家。原来初到洛丝阿拉莫斯时，一应事务还都未进入正轨，包括对档案、研究资料的保管，很多时候就是随便放在某个保险柜里，时间一长，连保险柜的主人都有可能把密码忘掉。于是，费恩曼拿出了他搞科学研究的劲头，扬言：“我最喜欢玩益智游戏了——如果有人发明了一些东西把别人挡在外头，那么就应该有办法破解它，闯进去！”将保险柜的原理弄了个一清二白，一时独步实验室，所到之处，无锁不开。

在费恩曼及众多学界精英众志成城地努力下，原子弹终于研制成功，并计划于 1945 年 7 月 16 日在新墨西哥州的沙漠中试爆。试爆当天，费恩曼等研究人员被安排在离试爆地点 30 千米左右的地方。

数载辛勤研究的结晶，今日将有怎样的表现？这是在场每一位学者此刻最关心的问题。然而只有费恩曼一个人，亲自见证了成功的那一刻——其他的人要么戴着厚厚的墨镜，要么依命令紧紧地匍匐在地上，只有离经叛道的费恩曼，此时站在一辆大卡车的风挡玻璃后（不要以为费恩曼这次仅仅是傻大胆，他深知在 30 千米的距离外能伤害眼睛的波大概只有紫外线，而紫外线是无法穿透挡风玻璃的——这是费恩曼与他所学的知识打的一个赌，玩的一次游戏）。原子弹爆炸引起的周围环境从极亮到极暗的过程持续了大约一分钟，这一分钟内的每一丝变化，都深深印在费恩曼脑海中。就连专门派来负责报道此事的记者劳伦斯，都需要通过费恩曼的转述描绘当时的情况。

曼哈顿工程结束后，用费恩曼自己的话说，他回到了“文明世界”，继续他在物理学上的研究，并拿起了教鞭，先后任教于康奈尔大学和加州理工大学。

有道是独乐乐不如众乐乐，费恩曼决定将自己对知识的这份“相悦”传递给他的学生们。

他首先鼓励学生对他质疑和提问,他认为只有这样才能让自己的学术灵感源源不绝。他还"挑战教科书",指出当时的教科书丝毫没有触及大自然的美妙,只是教人如何考试,而那些考试出色的人,成为教师,再去教下一代人如何考试。说到"动情"处,费恩曼还将当时的教育体制痛批一番,引发群起响应。

只破不立,可不是费恩曼的风格,他亲自动手,与另外两位美国物理学家罗伯特·雷顿(Robert B. Leighton)、马修·桑德斯(Matthew Sands)合著了三卷本《费恩曼物理学讲义》(The Feynman Lectures on Physics)。该书一改往日教科书的刻板、乏味,并努力在基础的教学中融入科研领域的前沿,真正做到了"有趣、有益",一出版便受到物理系大学生乃至全社会的如潮好评,被翻译成各种语言,在世界范围内热销。

就在费恩曼那本著名的讲义出版后不久,费恩曼获得了作为一个物理学者的至高荣誉——诺贝尔物理学奖。

1965年,诺贝尔物理学奖颁发给费恩曼、朱利安·施温格尔(Julian Seymour Schwinger,美国理论物理学者)、朝永振一郎(日本物理学者),以表彰"他们在量子电动力学方面的基础性工作,这些工作对粒子物理学产生深远影响"(for their fundamental work in quantum electrodynamics, with deep-ploughing consequences for the physics of elementary particles)。

即使是人生中这么一件大事,费恩曼也将它归功于玩儿,他是这样解释自己如何得奖的:有个星期天,我坐在餐厅里,把一个餐碟丢到空中。餐碟一边转动一边摆动,转动的速度可由碟边红色的康奈尔校徽加以判断。我发现碟子的转速比它摆动的速度快,经过一番严密的计算,得知在一定条件下,二者速度比正好是2∶1。我又详细地考察了碟子上各质点的运动状态,使这一研究更精密和体系化。当我将自己的发现兴高采烈地跟好友贝特(Hans Albrecht Bethe,德裔美国核物理学者,1967年诺贝尔物理学奖得主)时,贝特却说:"费恩曼,那很有趣,但那有什么重要?你为什么要研究它?"我的回应是:"那没什么重要,我只是觉得好玩而已……"——享受物理、随性而至,这就是我的决心。然而事实证明,碟子的运动方程同样适

用于量子电动学中。后来颁发我诺贝尔奖的原因，费恩曼图及其他研究，全都源自我那天将时光“浪费”在此！

1988 年 2 月 15 日，费恩曼与世长辞。次日，加州理工学院 10 层高的图书馆上挂起了一巨型条幅：“我们爱你，迪克！”（“迪克”是对费恩曼的爱称）对于一生如顽童的费恩曼，这或许是比诺贝尔奖的颁奖词更让他兴奋的言语。

最后，让我们以费恩曼的又一则逸事结束此文。

这则逸事或许是知识与人之间最温暖的一幕。

在普林斯顿大学读研究生的时候，费恩曼做了他人生中第一次学术报告。来听这场报告的有泡利（Wolfgang Ernst Pauli，奥地利理论物理学者，1945 年诺贝尔物理学奖得主）、冯·诺伊曼（John von Neumann，匈牙利裔美国数学家，计算机之父，可以说是当时最伟大的数学家之一。时至今日的计算机算法仍是基于冯·诺依曼结构）、罗素（Henry Norris Russell，美国天文学家，“赫罗图”的提出者之一，并非英国那位写《西方哲学史》的罗素）。

初出茅庐的菜鸟见到这些大师，未曾说话，手已经开始抖了。

更要命的事发生了：演讲开始没一会儿，费恩曼正在黑板上写一些公式，这时又进来一位听众，竟是大名鼎鼎的爱因斯坦（Albert Einstein）！

费恩曼心想这回一定要结结实实出一回丑了，但奇迹却出现了——

“只要我开始思考物理、全神贯注于要说明的问题上，我的脑袋中就再没有其他杂念，完全不会紧张。因此当我开始报告以后，我根本不知道听众是谁了，我只不过在说明这些物理概念。”

这便是知识与人之间最温暖的关系——人被知识所拥抱，所围护，自此心旷神怡、宠辱偕忘。

套用阿根廷作家博尔赫斯的一句话：学习，是为了让岁月的流逝，于我，变得安心。

逐梦箴言

如果不能从所从事的事业中获得快乐,事业和人生都会黯然失色。

知识链接

不列颠百科全书

《不列颠百科全书》(*Encyclop · dia Britannica*),亦称《大英百科全书》,被认为是当今世界上最权威的百科全书。自1768年初版以来,已修订到第15版,从最初的三卷本发展到今天皇皇32卷。

1994年,不列颠百科全书公司(*Encyclop · dia Britannica, Inc.*)正式发布《不列颠百科全书》的网络版《不列颠在线百科全书》(Encyclopedia Britannica Online),网络版除包括印本内容外,还包括最新的修改和大量印本中没有的文章。

2012年3月13日,不列颠百科全书公司宣布不再出版纸介质产品。

有个趣事,这套书虽然叫"不列颠百科全书",但在第11版出版之后,商标和版权均被美国出版商西尔斯·罗巴克公司(Sears Roebuck and Co.)买走,因此之后的《不列颠百科全书》其实是在美国出版的,但仍坚持英国英语的拼写传统。

亚实基拿犹太人

亚实基拿犹太人(Ashkenazi Jews),源于中世纪的一支犹太人,"亚实基拿"系《圣经》中一人物。这支犹太人起先分布在莱茵河沿岸北到今天德国莱茵兰、南到今天法国阿尔萨斯的区域,自11世纪开始逐步向东欧迁移。当时,他们只占全部犹太人的3%左右;到1931年,已经占到了92%;今天,他们约占犹太人口总数的80%。

亚实基拿犹太人以操意第绪语为其主要特征。这支犹太

人人才济济，名人辈出，让我们举其要者：

德国大诗人海涅(Heinrich Heine，1797—1856)

奥地利心理学家、精神分析学派鼻祖弗洛伊德(Sigmund Freud，1856—1939)

奥地利作曲家、晚期浪漫主义巨擘马勒(Gustav Mahler，1860—1911)

瑞典女物理学家莉莎·迈特纳(Lise Meitner，1878—1968)

相对论创立者、被誉为“现代物理学之父”的爱因斯坦(Albert Einstein，1879—1955)

抽象代数学的奠基人之一，美丽的德国女数学家诺特(Amalie Emmy Noether，1882~1935)

奥地利作家，20世纪最伟大的文豪之一卡夫卡(Franz Kafka，1883—1924)

全世界第三位女总理——以色列女总理梅厄(Golda Meir，1898—1978)

《蓝色狂想曲》(Rhapsody in Blue)的作者，美国作曲家乔治·格什温(George Gershwin，1898—1937)

荣获“桂冠指挥家”的美国指挥家、作曲家伯恩斯坦(Leonard Bernstein，1918—1990)

以《安妮日记》而闻名的大屠杀见证者安妮(Annelies Marie Frank，1929—1945)

费恩曼的著作

生性诙谐的费恩曼对当时美国的教育体系很是不满，并亲自致力于大学物理教材的编纂，在20世纪60年代初同美国另外两位物理学者罗伯特·雷顿(Robert B. Leighton，1919~1997)、马修·桑德斯(Matthew Sands)合著了《费曼物理学讲义》(The Feynman Lectures on Physics，1964)，于1964年出版。这套书一出版便在全球热销，并实现了出版资源的深度开发——书中最易理解的六章被单独抽出，结集成《简单的六章：由最出色的教师解释的物理学基本知识》(Six Easy Pieces: Essentials of Physics Explained by Its Most Brilliant Teacher，1994)，次易懂的六章被编成《不太容易的六章：爱因斯坦相对

知识链接

论，对称性和时空》(Six Not So Easy Pieces: Einstein's Relativity, Symmetry and Space-Time, 1998)。

此外，费恩曼还写了大量面向大众的读物：

《别闹了，费曼先生》(Surely You're Joking, Mr. Feynman!, 1985)

《你干吗在乎别人怎么想》(What Do You Care What Other People Think?, 1988)

以及演讲集《物理定律的品性》(The Character of Physical Law, 1965)等。

智慧心语

学不至于乐，不可谓之学。

——[北宋]邵雍

不能明智地、正直地、富裕地生活，就无法快乐地生活；同样，不能快乐地生活，也就不会明智地、正直地、富裕地去生活。

——[古希腊]伊壁鸠鲁

愿你们每天都愉快地过着生活，不要等到日子过去了才找出它们的可爱之点，也不要把所有特别合意的希望都留在未来。

——[法]居里夫人

真正的快乐是对生活的乐观，对工作的愉快，对事业的兴奋。

——[美]爱因斯坦

对于那些不懂数学的人，很难使他们真正地了解大自然的美丽，那最深沉的美丽……

——[美]费恩曼

令我惊讶的是，我发现自己喜欢研究。也许把它称作工作是不公平的。有人说道：科学家和妓女都为他们喜爱的职业得到报酬。

——[英]史蒂芬·霍金

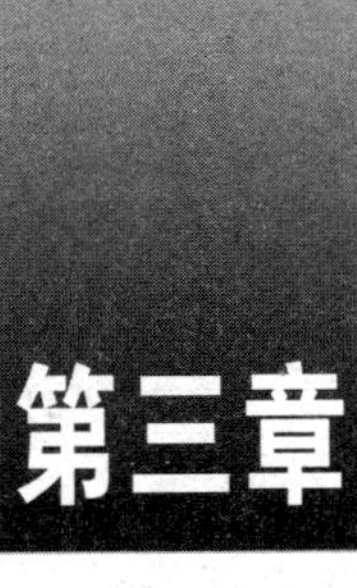

第三章

读书，还是读书

导读

每一种职业都有其必要的“功课”，对于学者而言，这功课便是读书。随着教育的普及，现在绝大多数人都“被迫”拥有十几年的“读书”经历，但很多人一毕业便将读书的习惯抛诸脑后，甚至认为步入社会的意义之一，便是告别读书。而立志成为学者的人，选择将读书作为自己的生涯——读书诚然不是最终的目的（最终的目的是做进一步的研究），但也绝非仅仅是一种手段，读书给人以日常生活之外的另一个世界，一个广大而深邃的精神世界。

横扫清华图书馆！

学者肯定是极爱读书的一群人。在这样一群人当中，如果还能有人以博览群书而闻名，可以想见其痴迷读书到了一个什么程度。这位饱读之士中的饱读之士，便是钱锺书。

话说别人接触到书，好歹也要等到四五岁开蒙的时候。钱先生却在降生后不久便与书结下了不解之缘。

钱先生是江苏无锡人。按当地的风俗，孩子出生后一周要把他放在一个房间里，房间里摆满各式各样的物品，以孩子首先抓到的东西判断他今后的发展，这便是所谓"抓周"。

《红楼梦》里的贾宝玉因为抓周抓到脂粉而被其父贾政认为"将来必是酒色之徒"，而钱先生抓周的时候则心无旁骛，目不斜视地奔着一本书抓去。这一抓还给自己抓出来个名字——"锺书"，即"钟爱读书"之意。

钱锺书出生后不久便被过继给伯父钱基成。这位叔父酷爱听书听戏，常带年幼的锺书出入戏园书馆，导致小锺书学业渐渐荒废（但事情也是有弊有利，钱锺书先生日后"照相机式的记忆力"没准儿也是从记取评书、戏曲的情节、唱白开始形成的）。

其父钱基博得知，急在心里，只是身为弟弟，不好在兄长面前指手画脚，便找机会暗中训诫小锺书。

据说当年钱基博给钱锺书辅导数学，钱先生屡教不会，钱基博大怒，想打，又怕哥哥听见，便用力拧钱锺书。

长大后的钱锺书笑言，这一拧把他对数学的“窍”全拧死了，导致他后来在数学上惨败（这是后话，后文将提及），可见惩罚式教育终不可取。

1920 年，伯父钱基成去世，钱锺书回到家中，重新由父亲管教。钱基博，这位当年四大国学大师（太仓唐文治，余杭章炳麟，吴江金松岑，无锡钱基博）有其一的“虎父”，终于可以言传身教，将儿子培养成明日的清华之“龙”了。

钱锺书在东林小学读书时，钱基博任教于无锡第三师范学校。他要求钱锺书每天一下课便去他办公室自学古文，直到晚上大学食堂开饭，才带钱锺书回家。钱锺书本就才思过人，在父亲的安排下一番苦读，学识方面进步神速，弱冠之年，已经可以滔滔不绝、引经据典、臧否古今了。鉴于此，父亲给他取了个字——“默存”，取意于《周易·系辞上》的“默而成之，不言而信，存乎德行”，用以警示钱锺书要讷于言而敏于行。

1926 年，钱基博应邀北上，到清华任教。没了管束自己的人，钱锺书撒起了欢儿。然而他撒欢儿也不干别的，还是看书，只不过这次看的不是经史理化，而是小说——一个寒假将古今小说及翻译小说看了个痛快，其中不乏《大卫·科波菲尔》、《格列佛游记》之类的名作，这极大地激起了钱锺书对文学的兴趣。书中难免有翻译得不尽如人意之处，钱锺书便渴望能直接读原文，这对他日后苦学外文提供了不竭的动力。几十天下来，钱先生可谓不亦乐乎，但说起功课，那可是一点儿没动。钱基博回到家考钱锺书功课，钱锺书自然支支吾吾，问十答一。钱基博大怒，将钱锺书训斥一番。大概是读了一假期书，越发读出了书的好，钱锺书这次不但丝毫没有逆反，还深刻地反省自己，把自己关进父亲的书房中，什么《古文辞类纂》、《骈体文钞》、《十八家诗钞》，一本一本拿来读，打下了异常坚实的古诗文基础。

1929 年，清华招生，爆出一条爆炸性新闻，惹得全校上下沸沸扬扬——有位考生，数学只考了 15 分，但是国文特优，英文甚至是满分！

主管老师欲退不忍，欲取又不敢，犹豫再三，将此事呈请校长定夺。

当时的清华校长罗家伦阅罢这名学生的试卷，当场批了八个大字——“此为奇才，破格录取”！

这位数学只考15分的奇才，不用说您也知道，就是我们的钱先生了。

被破格录取的钱先生进了清华园，可谓意气风发。他十八及二十学年的总成绩为甲上，十九年则得到超等的破纪录成绩。据说他去上冯友兰的逻辑学课，随手扯过同学的笔记本，一字不漏地写下先生所讲的全部引语及英文原文；他被邀请参加哲学系高年级学生的讨论会，也是舌战群儒，每战必胜。

时任文学院院长兼哲学系系主任的冯友兰对其惊为天人，称赞钱锺书"不但英文好，中文也好，就连哲学也有特殊的见地，真是天才"。

当时清华大学外语系有"三杰龙虎狗"之说，"龙"即指钱锺书，"虎"指万家宝（即日后大名鼎鼎的剧作家曹禺），"狗"指翻译家颜毓蘅。钱锺书实为三杰之首。

钱基博得知儿子学业日进，心中自然欢喜，但唯恐其恃才傲物，于是致信劝勉之："儿之天分学力，我之所知。将来高名厚实，儿所自有！立身务正大，待人务忠恕。"

而这所有台前的意气风发，都源于幕后的勤学苦读。钱锺书先生一进清华园，就立下一个宏誓——"横扫清华图书馆"！他这样立誓，也如此践行。钱锺书当年的同学，如今的作家韩石山回首往事，说钱锺书每日除去上课便是看书，这周读中文的书，下周便读英文的书。星期六，去图书馆捧一大摞书回来，读一周，下个周六将读完的书还回去，顺便再捧一摞新的回来。在北京上了4年大学，总得把偌大的北京好好逛逛吧。但据钱锺书的夫人杨绛先生回忆，他"在清华待了4年，连玉泉山、八大处都没有去过。"

钱锺书看书喜欢用又黑又粗的铅笔画下佳句，并在空白处加上他的评语，有时评语多到将天头地脚写满，清华藏书中的画线和评语大都是出自钱先生之手。他的另一个习惯是做笔记，将具有启发意义或重要文献价值的资料或自己读书的心得一一整理在册。

说起钱先生的笔记本，可是大有文章可做。

杨绛先生曾在一篇文章中回忆说，钱先生撰写《管锥编》时，她为他整理、检点笔记本，整整费了两天工夫，装了几大麻袋。

有人统计，钱先生仅外文的读书笔记就写满了大大小小178个笔记本，加上若干打字稿，总页数竟达3.4万多页，题材包罗万象，涉及文学、语言学、哲学、文学批评、文艺理论、心理学以及人类学各领域，还包括通俗小说、侦探故事及诸多笑话。

据说，钱先生曾经想把从这些外文笔记中“反刍”出来的心得用西文写一部类似《管锥编》那样的著作，综合西方文学的论著，取名《<管锥编>外编》。

可惜由于一直没有时间，后来又生病，终于作罢。于是，这三大箱历经十年浩劫而能奇迹般地留存下来的外文笔记，便成为了一块待开采的巨大宝藏。

谁来整理这些笔记，雕琢这些璞玉浑金呢？第一人选当然是杨绛先生，而这其中很多笔记是用德文、意大利文、拉丁文写的，杨绛先生对此并不擅长。

1999年，《围城》的德文版译者、德国杰出汉学家、波恩大学教授莫芝宜佳（Monika Motsch）来到北京。这位海外一流的钱学大家看到这三大箱笔记如获至宝，且其语言天赋恰能与杨绛先生互补，于是便一头扎进钱外文笔记的整理编目工作之中。

出版过钱先生中文笔记《容安馆札记》的商务印书馆表示有志于将钱先生的外文笔记也公之于众，造福天下学者。且拭目以待吧！

您或许会问：纵使清华，也未必有如许多原版书籍，钱先生从何处获得这些资料的呢？这就要提到钱锺书继“横扫清华图书馆”之后的又一个宏愿——“饱蠹牛津”。1933年夏，钱锺书于清华大学外文系毕业，获文学学士学位，在上海光华大学任教一段时间。1935年与杨绛结婚，后考取第三届庚子赔款公费留学资格，名列榜首，平均分数87.95，史无前例！前往英国牛津大学埃克赛特学院（Exeter College，牛津成立最早的四大学院之一）留学。

钱锺书一到牛津便“亲吻了牛津的土地”，摔掉了门牙，这已经是经典的段子了。而更广为人知的则是他的“饱蠹楼中，横扫西典”。饱蠹楼，即

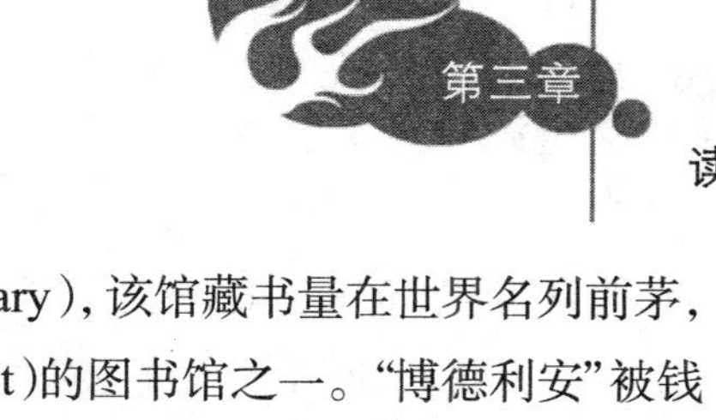

牛津的博德利安图书馆（Bodleian Library），该馆藏书量在世界名列前茅，是英国六家接受法定送存（Legal deposit）的图书馆之一。“博德利安”被钱先生按“信达雅”的精神翻译成了“饱蠹”，音译而兼表意，堪比徐志摩之“翡冷翠”。“蠹”，即是书虫，想做牛津的一只饕餮无厌的吃书虫，这意象，也不亚于愿做康河中的水草了。钱先生给自己立下规矩：中文、英文每天都看；一、三、五看法文、德文、意大利文。而饱蠹楼也有规矩：图书概不外借，且不得在书上留下任何笔迹。既如此，怎么办？记笔记。

据杨绛先生回忆：钱锺书整日徘徊在“饱蠹楼”，将精微深奥的哲学、美学等大部著作，像小儿吃零食那样吃了又吃，厚厚的书一本本渐次吃完。诗歌更是他喜好的读物。重得抬不动的大字典、辞典、百科全书等，他亦摸着字典逐条细读。有的书他会读一遍两遍，有的书甚至会三遍四遍地读，笔记也是反复“修订”、几经“增补”，其认真程度，丝毫不亚于出书。

1937 年，钱锺书先生以一篇《十七世纪及十八世纪英国文学里的中国》（*China in English Literature of the Seventeenth and Eighteenth Centuries*）获文学士学位（B.Litt.，相当于现在的硕士学位而更难取得。牛津自 1977 年采用新的学位系统后已无此学位）。该论文参考文献达 400 余种，涉及各类作者 432 位，其引证之细之详，令其导师都叹为观止。钱先生将 17 世纪及 18 世纪英国文学中有关中国的部分——无论思想、历史、风俗、政治、语言还是文化，尽皆摘取出来，加以全面的梳理和分析，深刻而全面地反映出英国作者在建构“中国”这一客体时的那些想象、理解、误读甚至偏见，在此基础上勾勒出一幅中国印象随时代发展而变化的清晰轨迹。

饱蠹楼苦练出来的内功，一朝施展，文惊四座。

钱锺书毕业回国后先后在清华大学、蓝田师范学院和西南联大、暨南大学等校任教。其间先后完成了古典诗话《谈艺录》、散文集《写在人生边上》、长篇小说《围城》以及短篇小说集《人、兽、鬼》。

新中国成立后，钱锺书回清华教书。1950 年受中央领导委托，担任《毛泽东选集》英译委员会主任委员。1953 年院系调整，清华改为工科大学，文科部分并入北京大学。钱钟书摆脱教务，在文学研究所工作。无论身在何

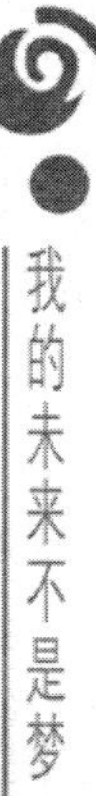

地，身居何职，读书，是钱先生雷打不动的习惯。

据20世纪50年代在文学研究所工作的一些同志回忆，他们每次进入线装书库，都会撞见钱锺书先生。他拿着铅笔和笔记本，不断地翻检书籍，不断地抄录、作笔记，常常忘记时间。有时，他会在那里向青年人介绍各类古籍，告诉他们这些书的插架所在，历历如数家珍。文学研究所图书馆馆藏线装书十分丰富，许多线装书的借阅卡上只有钱锺书一个人的名字。

接近从心所欲之年的钱锺书，已于书海泛舟半个多世纪，从中撷精揽粹，发表了他一生最重要的学术著作——《管锥编》。对《周易》、《毛诗》、《左传》、《史记》、《太平广记》、《老子》、《列子》、《焦氏易林》、《楚辞》以及《全上古三代秦汉三国六朝文》等古代典籍，采用中西方文化比较研究的方法，进行了详尽而缜密的考疏，引述四千位作者上万种著作中的数万条书证，展示了非凡的学术功力，具有不可估量的学术价值，成就了一代"文化昆仑"的美名。

1998年12月19日，钱锺书先生病逝。

钱先生的一生，真真是"钟爱读书"的一生。书成就他的学问，也弥漫于他的生活——他同朋友吃饭，谈起打猎的事，他随手便在菜单上列出关于打猎的书目，达二三十之多。

钱锺书晚年因生病咳嗽不止，笑称自己是"呼啸山庄"……新华社哀悼钱先生的文章发表于1998年12月21日《人民日报》的第1版，最后用了"钱钟书先生的风范长存。钱钟书先生永垂不朽！"的话语，评价不可谓不高。

但我觉得用钱先生自己曾对挚友李慎之说的一句轻描淡写的话作结或许更好——"西方的大经大典，我算是都读过了。"

逐梦箴言

你曾做过"横扫清华图书馆"这类几乎是痴人说梦的梦吗？如果做过，你可曾践行？立志于成为学者，将学术选作自己毕生事业的你，是否有一天也可以毫不惭愧地说："西方的大经大典，我算是都读过了。"

知识链接

钱基博

钱基博(1887~1957)，古文学家、教育家。江苏无锡人。字子泉，别号潜庐，钱锺书之父。

钱基博9岁读完"四书""五经"。10岁时由伯父课以《史记》和唐宋八大家文选，并练习写作策论。13岁读《资治通鉴》和《续资治通鉴》。16岁撰《中国舆地大势论》，发表于《新民丛报》；撰《说文》一篇，发表在《国粹学报》。实在是不亚于其子的神童(钱基博深受当时"中学为体，西学为用"思想的影响，对数理化等皆得心应手，这一点又比其子更高一筹)。

钱基博早年投身革命，后主要从事教育工作，历任无锡县立第一小学文史地教员，无锡县图书馆馆长，江苏省立第三师范学校国文与经学教员及教务长，上海圣约翰大学国文教授，北京清华大学国文教授，南京中央大学(今南京大学)中国语文学系教授，浙江大学中文系教授、国立师范学院(今湖南师范大学，校址时在湖南省安化县蓝田镇)国文系主任，武汉华中大学(今华中师范大学)教授。其教子自然不在话下，钱锺书的成才，与父亲的管教与影响有莫大关系。

著述方面，钱基博在国学、文学等许多领域均有独到建树。国学研究方面，有《国学文选类纂》《国学必读》等著作传世，深刻而全面论述了国学的兴起、国学的内容、国学的义旨。文学方面，《中国文学史》和《现代中国文学史》堪称典范。古代文学研究专家吴忠匡称其"是先生在通读古今专集的基础上抉发文

知识链接

心，剖析源流，高挹群言，自出手眼的两部大著作。"其中尤以《现代中国文学史》深刻地反映了20世纪初到20世纪30年代中国学术界新旧交替时期剧烈的思想矛盾和时代的苦闷，具有极其宽广的学术视野和极其准确的学术洞察力。

莫芝宜佳

莫芝宜佳，原名莫妮克·毛奇(Monika Motsch)，德国汉学家、波恩大学教授。其中文名"莫芝宜佳"(或称"莫宜佳")乃钱鍾书先生为之起的。

莫芝宜佳起先学希腊文，后主攻英美文学，因研究美国诗人埃兹拉·庞德(Ezra Weston Loomis Pound，1885—1972)而对中国文化产生浓厚兴趣(埃兹拉·庞德热衷于中国古典诗歌和哲学)。由于对埃兹拉·庞德共同的关注，莫芝宜佳与钱鍾书先生结缘。在读了钱先生的《围城》后，大为惊异，遂将之译成德文。钱鍾书先生阅罢译文，认为其忠实流畅，神形兼备，是不可多得的佳译，乃用毛笔为之作序，并赞叹道："但愿我能用外语写得出这样灵活的散文。"称"庞德的汉语知识常被人当作笑话"，而莫芝宜佳则是"杰出的汉学家"。

莫芝宜佳对"钱学"的热情一发不可收拾，于1994年发表了其论著：《论管锥编——以钱鍾书的<管锥编>来重新审视杜甫》(Mit Bambusrohr und Ahle von Qian Zhongshus Guanzhuibian zu einer Neubetrachtung Du Fus)，是为西方研究《管锥编》的开山之作。

20世纪90年代，莫芝宜佳成为波恩大学中文系系主任，与伯恩大学汉学系系主任，另一位汉学大家顾彬(Wolfgang Kubin，1945—)创立中国论坛(China Forum)，请各路学者发表有关中国、中德关系、中欧关系的"管锥"之见。

■ 读书种子

钱锺书先生曾说:“西方的大经大典，我算是都读过了。”钱先生之外，若说谁还能担得起这句话，恐怕只有一个人。

这个人是民国初期清华大学国学院四大导师之一，被国学大家郑天挺誉为“教授的教授”；一生没怎么拿正眼瞧过人的《庄子》狂人刘文典说西南联大只有两个半教授，这个人是其中一个；北大校长傅斯年对他的评价是:这个人的学问，近三百年来一人而已；日本泰斗级东洋史学者白鸟库吉称他是中国最博学之人；他曾负笈求学欧美，被世人称作“读书种子”……

这个人便是历史学者陈寅恪。

陈寅恪先生1890年生于湖南长沙。说起陈家，可谓书香门第，诗礼世家。其祖父是高中历史课本都有提及的晚清维新派政治家、湖南巡抚陈宝箴。其父陈三立位列“清末四公子”之一，乃一代诗文名家、同光体赣派代表人物，被誉为中国最后一位传统诗人。如此深厚的家学渊源，加上陈三立先进的教育理念(陈三立于20世纪初致力于创办私学，与所聘教师约定:一不打学生、二不背死书。深受时任两江总督的张之洞的赞赏)，陈寅恪从小便广览多读、打下了牢固的国学底子，并拥有十分开阔的眼界。

陈三立不要求儿子应科举、求功名，而是鼓励他留学，接触先进的文化。1902年春，13岁的陈寅恪随兄长陈衡恪东渡日本，一同入东京弘文学院就读。陈衡恪毕业于南京矿路学堂，与鲁迅相交甚笃，此番入弘文学院两人

又是同窗，来往益发密切。少年陈寅恪便也因了兄长的缘故与鲁迅结下了一段忘年交（鲁迅比陈寅恪年长9岁）。

1905年，陈寅恪因足疾辍学回国，前往上海的复旦公学（今复旦大学前身）读大学预科，那时起，陈先生对宗教学，尤其是佛学（陈先生两大主要研究领域一为历史，二为佛教，见后文）产生了浓厚的学术兴趣，终日埋头于浩如烟海的古籍以及佛书之中。1910年考取官费留学资格，开始了他第一轮负笈欧陆的求学生涯。

陈先生先后在德国柏林洪堡大学（Humboldt University of Berlin）、瑞士苏黎世大学（University of Zurich）和法国巴黎政治学院（Sciences Po）就学，涉猎的学科极其广泛，甚至包括数学和物理。

1914年，第一次世界大战爆发，陈先生被迫中断学业回国。

1918年，陈先生获得江西教育司的官费资助，得到了第二轮留学欧美的机会。为了能够真正深入地研究佛教典籍，陈寅恪选择前往美国哈佛大学师从兰曼教授（Charles Rockwell Lanman）学习梵文和巴利文。

梵文是异常艰涩难学的，陈寅恪的表弟俞大维与陈寅恪同选梵文课，才学半年便知难而退，而陈先生一学就是十几年——在哈佛与兰曼教授学习2年，后重回德国洪堡大学，与东方学家路德（Heinrich Lüders）学习5年，回国后，仍不间断地向梵语学者钢和泰（Alexander von Sta.l-Holstein）请教。扎实的梵文基础使得陈寅恪先生可以直接阅读原典，发现了很多前人未见的问题。此是后话。先来讲陈寅恪先生这第二轮负笈留学欧美，尤其是在德国留学期间是如何读书学习的，是何以被人称作“读书种子”的。

在德国留学期间，陈寅恪这位被冯友兰称为“性情孤僻，很少社交”的“书呆子”却眼观六路、耳听八方，哪个学校有好教授的精品课，他总是第一时间掌握相关信息，无比灵通。往往是教授带的学生还没到，他这个旁听生已经预习好了相关书籍，备好笔记本，在教室恭候多时了。主修梵文之外，陈先生对东方学、尤其是中亚地区历史也极感兴趣。

他认为“读书先识字”——要研究历史学特别是东方学，必须要懂得东

方的文字，包括历史上存在过，但如今已死去的文字，只有如此才能揭示历史的源流和本真。

故此，陈寅恪师从英国（一说德国）语言学家、宗教史家弗里德里希·马克斯·缪勒（Friedrich Max Müller）苦学中亚古文字，跟研究蒙古语的专家黑尼士（Erich Haenisch）学习蒙古语，终于能够自如阅读波斯文、突厥文、西夏文或蒙古文写成的文献（此外，陈寅恪对拉丁文、希腊文亦不生疏，文学家、史学家夏曾佑曾不无感慨地说“你能读外国书，很好；我只能读中国书，都读完了，没得读了。”这“外国书”三个字看似轻描淡写，敢问有几个人能当得起？）。课下，他则一头扎进图书馆，一待就是一天。

据陈先生的朋友回忆，当时国内政局不稳，资助费用难有保障，陈寅恪每天只买最便宜的面包勉强度日，将节省下来的钱悉皆换了书籍。

北大教授季羡林先生翻阅陈寅恪当年留学德国时的笔记，多达 64 本（这些免于战火留存下来的笔记其实还仅仅是陈先生当年笔记的冰山之一角），仅涉及的文字就有藏文、突厥回鹘文、吐火罗文、西夏文、满文、梵文、俄文，计 22 类之多。

后来抗战爆发，陈寅恪先生在没有任何参考书的情况下，写就两部不朽的学术著作——《隋唐制度渊源略论稿》和《唐代政治史述论稿》，引用的典籍达上千种。天才耶？有之，但更在于勤奋，在于读书的底子。如此读书人，被当时的学界誉为“读书种子”，也就不足为奇了。

留学海外的陈先生的博学是如何被国内学界知晓的呢？这要源于那封著名的《与妹书》：

我前见中国报纸告白，商务印书馆重印日本刻大藏经出售，其预约券价约四五百元。他日恐不易得，即有，恐价亦更贵。不知何处能代我筹借一笔款，为购此书。因我现必需之书甚多，总价约万金。最要者即西藏文正续藏两部，及日本印中文正续大藏，其他零星字典及西洋类书百种而已……我今学藏文甚有兴趣，因藏文与中文，系同一系文字。如梵文之与希腊、拉丁及英、俄、德、法文等之同属一系。以此之故，音韵训诂上，大有

发明。因藏文数千年已用梵音字母拼写，其变迁源流，较中文为明显。如以西洋语言科学之法，为中藏文比较之学，则成效当较乾嘉诸老，更上一层。然此非我所注意也。我所注意者有二：一历史（唐史西夏），西藏即吐蕃，藏文之关系不待言。一佛教，大乘经典，印度极少，新疆出土者亦零碎。及小乘律之类，与佛教史有关者多。中国所译，又颇难解。我偶取金刚经对勘一过，其注解自晋唐起至俞曲园止，其间数十百家，误解不知其数。我以为除印度西域外国人外，中国人则晋朝唐朝和尚能通梵文，当能得正确之解，其余多是望文生义，不足道也。隋智者大师天台宗之祖师，其解悉檀二字，错得可笑（见《法华玄义》）。好在台宗乃儒家五经正义二疏之体，说佛经，与禅宗之自成一派，与印度无关者相同，亦不要紧也。（禅宗自谓由迦叶传心，系据护法因缘传。现此书已证明为伪造，达摩之说我甚疑之。）旧藏文即一时不能得，中国大藏，吾颇不欲失此机会，惟无可如何耳。又蒙古满洲回文书，我皆欲得。可寄此函至北京，如北京有满蒙回藏文书，价廉者，请大哥五哥代我收购，久后恐益难得矣……

短短一封家书，却透露出陈先生对学问的热爱、专注，知识面的广博以及在所研究领域的精深。

该信写于1923年陈先生留德期间，被当时主持《学衡》杂志的吴宓先生刊载于当年八月的杂志上，冠以《与妹书》的题目。

观者无不为陈先生的学问倾倒。

当时已然著作等身的梁启超读罢此信，当即向清华学校校长曹云祥力荐此人，并同其展开一场论战。校长认为陈寅恪此人一无大部头的著作，二无博士学位，何以能任教授之职？（陈寅恪四处求学，学富五车，但的确一个文凭没取得过。陈先生的想法是“考博士并不难，但两三年内被一个具体专题束缚住，就没有时间学其他知识了”，所以往往是有好课便听，吸取到了精华便是收获，对学位毫不在意。当今沽名钓誉，读学位只为镀金的人当赧颜）梁任公针锋相对：“我梁某也没有博士学位，著作算是等身了，但总共还不如陈先生寥寥数百字有价值！”最终，远在德国的陈寅恪先生

接到了清华的聘任书，陈先生时年36岁。

1925年3月，陈寅恪回国，应约前往清华国学研究院执教。自此便有了文章开头提到的国学院四大导师——以甲骨文研究殷商史的王国维；戊戌变法的核心人物梁启超；著名语言学家赵元任；史学大家陈寅恪。

陈寅恪在清华开设的课程有：西人之东方学之目录学、梵文《金刚经》之研究、《高僧传》之研究、梵文文法、《唯识十二论》校读等——非有惊人的阅读量和无与伦比的语言优势无以开设此等课程。每上课，陈先生必捧一大摞书进教室，竟至于气喘吁吁。他上课有"四不讲"："前人讲过的，我不讲；近人讲过的，我不讲；外国人讲过的，我不讲；我自己过去讲过的，也不讲"——只讲未曾有人讲过的。

开始尚有人不服不忿，以为陈先生大话欺人。但几堂课下来，所有人都为陈先生的渊博学识、精深研究、独到发现折服了。之后陈先生的课，各路著名教授"慕名而来，满载而归"，蔚为大观。

当时已在学界享有盛誉的学者冯友兰，逢陈先生的课，也像小学生般毕恭毕敬认真听讲，一堂课不肯错过。

历史学者周一良回忆当年听陈先生讲魏晋南北朝史："第一堂课讲石勒，提出他可能出自昭武九姓的石国，以及有关各种问题，旁征博引，论证紧凑，环环相扣。我闻所未闻，犹如眼前放一异彩，深深为这所吸引。"

季羡林先生则在《回忆陈寅恪先生》写道："我旁听了寅恪先生的'佛经翻译文学'。参考书用的是《六祖坛经》，我曾到城里一个大庙里去买过此书。寅恪师讲课，同他写文章一样，先把必要的材料写在黑板上，然后再根据材料进行解释、考证、分析、综合，对地名和人名更是特别注意。他的分析细入毫发，如剥蕉叶，愈剥愈细，愈剥愈深。实事求是的精神，不武断，不夸大，不歪曲，不断章取义，他仿佛引导我们走在山阴道上，盘旋曲折，山重水复，柳暗花明，最终豁然开朗，把我们引上阳关大道。"

当时的华北学术界分成两派，一派是本国培养的学者，另一派是有留学经历的。本土派认为洋派不懂国情，所学只是隔靴搔痒，解决不了中国

问题；留洋派就觉得本土派太迂腐，眼光狭隘，研究方法守旧落后。因而互相攻讦，瞧对方不起。但不管是哪一派，谁都对陈寅恪高看一眼，这在学术界堪称传奇。

陈先生的学问不仅让国内各路名教授叹为观止，还令国外硕学心悦诚服。日本研究中亚问题的学者白鸟库吉，为解决一难题遍询名师，皆无果。本已灰心放弃，德国柏林洪堡大学一教授建议他求教于陈寅恪。其时翻译家钱稻孙正在日本休假，与白鸟为邻，遂代为致信陈寅恪。钱春假未结束，陈先生解答已至，白鸟如获至宝，称若无陈先生指点，这个问题可能一生无解。唐德宗与吐蕃的《唐蕃会盟碑》，令无数著名学者如法国的沙畹（Edouard Chavannes，有“欧洲汉学泰斗”之称）、伯希和（Paul Pelliot）等竞折腰，又是陈寅恪对此作了确切的翻译，国际学者对陈之翻译毫无异词，同声叹服。

获得如此赞誉的陈寅恪，却依旧虚怀若谷，常谦称自己“平生为不古不今之学，思想囿于咸丰、同治之世，议论近乎湘乡、南皮之间”，并依旧读书不辍。由于读书过于刻苦，陈先生的视力开始急剧下降。

抗日战争爆发，因日本帝国主义的侵略暴行致使陈三立忧愤而死。国立北京大学、国立清华大学、私立南开大学全体师生被迫南迁，前往昆明避难。

国仇家恨和生活的动荡，让陈寅恪先生悲伤过度，右眼彻底丧失视力，左眼视力亦十分微弱。然而就是在右眼失明，藏书、笔记毁于兵燹，日夜被防空警报惊扰的情况下，陈先生仍以惊人的学力和毅力完成了上文提到的《隋唐制度渊源略论稿》。这本书并不厚，却提出了前人所未有的犀利见解，提出“关陇集团”一说，用以阐释西魏、北周、隋唐三代政权的源流和特点。所谓“博观而约取，厚积而薄发”，这两本著作，正是陈先生之前所学的凝结和升华。

这之后，陈寅恪应许地山之邀前往香港大学。香港沦陷后，日军因敬重陈先生学问，待之甚优。而陈寅恪先生拒不接受日军的任何馈赠，乃闭门苦学著书，写就了《唐代政治史略稿》，又是史学界一佳作也。

1944年冬，由于一次意外跌倒，陈先生左眼的视网膜又有所脱落，终于连最后一丝光明也看不见了。对于其他人，失明也是难以忍受的事实；对于学者，尤其是陈寅恪这样嗜书如命的学者，看不见、读不了书，是再残酷不过的命运。

1945年9月，战事稍歇，陈先生终于得以去英国治疗眼疾，但因病情贻误太久，终于没能复明。

失明后的陈寅恪仍以惊人的毅力在助手的帮助下完成了《柳如是别传》、《元白诗笺证稿》、《论〈再生缘〉》等学术著作，为中国乃至世界的学术界留下了宝贵的财富。

1969年10月7日，陈先生因心力衰竭在广州逝世。

晚年的陈寅恪先生因为各种原因心灰意冷，曾留有“废残难豹隐，九泉稍待眼枯人”的言语。

今一夕仙逝，“稍待”之语算是应验了。

但我想，同样应验的，还有他曾为悼念王国维先生而写下的碑文：“先生之著述，或有时而不章。先生之学说，或有时而可商。惟此独立之精神，自由之思想，历千万祀，与天壤而同久，共三光而永光。”这句话，也适用于陈寅恪自己。

逐梦箴言

“读书先识字”！学者需要拥有国际的视野，用全世界的知识、思想滋养自己。因此，便应努力至少掌握一门外语。外语不仅仅是日常交流的工具，它还是打开异质的世界、让我们走进另一种文明的钥匙。

知识链接

《再生缘》

《再生缘》系长篇弹词。清女作家陈端生(1751~1796)撰。二十卷。每卷四回，凡八十回，约八十七万字。陈氏只写至十七卷，未竟而逝。后三卷(六十九回至八十回)，由女作家梁德绳(1771~1847)续写。内容以元代尚书孟士元之女孟丽君与京营都督之子皇甫少华的悲欢离合为主线，着重描写孟丽君女扮男装，反抗压迫，终于报仇雪恨，夫妻团圆。许多戏曲剧种、曲艺曲种都有改编本，或名《孟丽君》、《华丽缘》、《禹王鼎》等。有道光二年(1822年)宝宁堂刻本等。

陈寅恪先生1953年完成《论〈再生缘〉》，不想却引起学界一场风波，以至"盖棺有期，出版无日"。这场风波的来龙去脉颇为复杂，有兴趣的读者，可以查阅相关资料，兹不赘述。现仅将1964年陈寅恪先生在《〈论再生缘〉校补记后序》中的一段话摘录如下，供读者诸公略品个中滋味："《论〈再生缘〉》一文乃颓龄戏笔，疏误可笑。然传播中外，议论纷纭。因而发现新材料，有为前所未知者，自应补正。至于原文，悉仍其旧，不复改易。盖以存著作之初旨也。噫！所南心史，固非吴井之藏。孙盛阳秋，同是辽东之本。点佛第之额粉，久已先干。裹王娘之脚条，长则更臭。知我罪我，请俟来世。"

乾嘉学派

清乾隆、嘉庆年间(1736—1820)讲究训诂考据的经学派系。导源于明清之际顾炎武(1613—1682)，主张根据经书和历史立论，以达到"明道救市"的目的。到乾嘉时，学者继承古文经学的训诂方法而加以条理发明，用于古籍整理和语言文字研究，形成"朴学"(汉学)。主要分为以惠栋(1697—1758)为首的"吴派"和以戴震(1724—1777)为首的"皖派"两大支。从校订经书扩大到史籍和诸子，从解释经义扩大到考究历史、地理、天文历法、音律、典章制度，对古籍和史料的整理，有较大贡献。因为他们主要以汉儒经注为宗，推崇东汉许慎(约58—约147)、郑

玄（127~200）之学，所以也有称之为汉学派或清代古文经派的。

这一派主要代表学者有阎若璩（1636—1704）、钱大昕（1728—1804）、段玉裁（1735—1815）、王念孙（1744—1832）、王引之（1766—1834）等。

湘乡、南皮

陈寅恪说自己"平生为不古不今之学，思想囿于咸丰、同治之世，议论近乎湘乡、南皮之间"。这里的"湘乡"、"南皮"指的是两位贤臣，分别是：

"湘乡"乃清末洋务派和湘军首领曾国藩（1811—1872）。曾国藩原名子城，字伯涵，号涤生，谥号文正。湖南湘乡白杨坪（今属双峰）人。

"南皮"乃清末洋务派首领张之洞（1837—1909）。张之洞字孝达，号香涛，直隶南皮（今属河北）人。

智慧心语

卿言多务，孰若孤？孤常读书，自以为大有所益。

——（三国）孙权

博观而约取，厚积而薄发。

——（北宋）苏轼

从前读书人学八股，是为了功名富贵；如今留学生又一窝蜂地学工程技术，虽所学不同，然其"希慕富贵，不肯用力学问"则一。

——陈寅恪

读书，是发心自救。

——钱锺书

饭可以一日不吃，觉可以一日不睡，书不可以一日不读。

——毛泽东

读书是易事，思索是难事，但两者缺一，便全无用处。

——[美]富兰克林

第四章

一念专心

导读

学者应当是博学的，应当有相对广袤的视野和完善的知识结构，如此，才能继承前人的精神遗产，开拓文化的新天地。为此，必须有新的创建、新的贡献。要做到这一点，非专注于学术的某一领域无以做到。钱锺书上至经史子集、下至打猎的知识，无所不知，套用他自己在《谈交友》的话，可谓“有引必得”，然而他之为杰出学者，源于他对中西比较文学的精辟阐释。陈寅恪掌握二十多门语言，但若没有对隋唐制度史的深入研究，也不能说是硕学。专注的领域或许很窄，但惟其窄，才容易有突破。有突破，人类的学术才不断进步。

■ 借玉通灵存翰墨，为芹辛苦见平生

在中国诗歌史上，张若虚以一首《春江花月夜》“孤篇横绝，竟为大家”。

在世界小说史上，有一个人，一生只有一部作品（未竟），却让世界为之震惊。这个人便是曹雪芹，那部未竟的作品便是他“批阅十载，增删五次”“字字看来皆是血，十年辛苦不寻常”的《红楼梦》。

曹雪芹地下有知或许想不到，两个多世纪之后，有个人，为了研究他和他的著作，倾注毕生的心血，不愧为“中国第一文学天才的旷世知音”。此人就是本文的主人公——周汝昌先生。

天津城南50里，有个明清古镇咸水沽（该镇现属津南区），当年此地港汊交错、蒹葭苍苍、杨柳荫后檐、桃李罗堂前，有“小江南”之称，可谓地杰人灵。咸水沽的中心地段，是所谓“三里长街”，商贾云集、车水马龙。

长街西头一户门楣榜额“春晖里”的大院里，住着“养大船的”（即自己家有船，从事海上贸易）周家。

这周家原本靠给人出工过活，到周锐这一代，闯出了名堂，有了自己的产业。

周锐之弟周铜，字印章，爱好文玩艺术，发达了的周锐便为其添置琴棋书画一应文雅之物，虽算不得古董，但均古朴雅致，为家中平添不少文化气息。

周铜有独生子周梦薪，字幼章，考取了光绪年间的秀才，取正式名“景颐”，周家自此不仅为当地名门望族，还成为小小的诗礼之家。

1918年4月14日，周家添丁进口，已有四子的周景颐又得一子，乳名为"魁"（有时也写作"奎"），此子便是日后的红学泰斗——周汝昌。

周家兄弟五人，许是继承了祖父辈的文艺细胞，各个能文能曲，在整个天津卫都小有名气。在这样的环境氛围里，周汝昌从小就醉心文学艺术，其日后的学术风格偏于"文采风流"的"感悟型"，而非一板一眼的逻辑分析型，与这种诗意的家庭氛围也不无关系。

然而周汝昌先生的青少年时代也不尽然是如诗如画的。20世纪二三十年代，中国正值多事之秋，天津又为北京之门户，时局每有动荡，总是首当其冲。周汝昌常自嘲说自己上小学时有三件事让他印象深刻：一是反对日本人侵略（1931年，日军夺我东三省；1935年，又策动华北五省自治。侵略的爪牙，不知何时便会伸向京津），抵制日货，反对"二十一条"，上街游行；二是闹兵荒，各种败军乱兵，一会儿是奉系的兵，一会儿是不知道什么番号的杂牌部队，有时是行军，有时是败逃，来了就占用学校校舍，学生只有被迫停课放假，一停起来就没有了时日；三是逃土匪和绑票（周汝昌曾被土匪绑票过一次）。

时世艰难如此，家世也每况愈下。

周汝昌八九岁时，周家已经开始衰败，生活虽不能说一落千丈，也遭到极大的冲击。

闲来无事的时候，周汝昌的母亲李彩凤便常追忆当年的好时光：那时周家有个依山傍水的小花园，园里有玲珑的小楼，有繁花古木，春天桃杏争艳，秋天菊桂芬芳。百花竞放的时节，各院的姑娘和媳妇们，盛妆丽服，花枝招展，相约去园内赏花，"那真像《红楼梦》里的那么好，那么热闹……"

像《红楼梦》里的那么好，那么热闹……

周家都是爱读书之人，周汝昌清楚地记得，三哥泽昌的屋子里上上下下摆满了"闲书"，什么武侠、公案，应有尽有；父亲的炕桌上，常年是那本父亲最爱的有精美插图的《三国演义》；而母亲的奁箱里，珍藏着她堂兄在光绪二十六年（1900）来周家探望妹妹时给她带的礼物——一套上下两册的《绣像增评〈石头记〉》。这套《红楼梦》系当时比较流行的带护花主人、大某

山民、太平闲人批注的所谓“合评本”，并配有多幅绣像。编辑兼发行者是日本东京市桥区银座三丁目二十番地的下河边半五郎，印刷者是同一市区小田原町二丁目九番地的中野锳太郎，印刷所是同一市区的帝国印刷株式会社，是某一光绪本在日本翻印的版本。这在当年只是普通的市卖本，没有什么版本价值，但对周汝昌而言，却是颇有纪念意义的。

周汝昌年幼时也曾翻看过这套《绣像增评〈石头记〉》，被开头“作者自云……”那段长篇大论搞得没了兴致。此番听母亲将自己的经历融入对《红楼梦》的感触之中，被那种带着诗意的怅惘和对无常的慨叹所感染，便又对那部自己当年没读下去的大书产生了兴趣。从此以后，竟一发不可收拾。周汝昌被书中情趣盎然的小儿女情态以及荣华正好、无常的情节和主题深深吸引，15 岁自学填词作诗时，已满是红楼的味道了——作七言，则有《葬花吟》的神韵；填小令，便有《柳絮词》的影子。当然，这是后话了。

周汝昌 9 岁才进咸水沽小学念书。他一上学就显示了远超常人的记忆能力，课文往往是读过一遍便可背诵。但他并未因此骄傲，反而更加用功和刻苦，凡偶然入目的片言只字，他都如获至宝绝不放过。对得到的任何一本书籍更是精读细敲，“凿骨吸髓”，勘校文字，批注文义，蝇头小字将书眉空白处填了个严严实实，隐约有后来研究红楼的风范。

小学毕业后，就读于以对学生的数学和英语严格要求而闻名的觉（天津话读作“jiào”）民中学，高标准之下，周先生仍是几乎次次考试满分。

之后进入南开中学念高中。南开中学素以自由的学风而闻名，也是在这里，周汝昌开始了他对红学的预备性的研究。

周先生的南开校友黄裳在给周先生《献芹集》序言中写道：

因为同级同组的关系，汝昌和我住在一间寝室里。他是天津咸水沽人，比我大两岁，平常总是缄默地不大开口。细长的身材，清疏的眉眼，说起话来也是细声细气的。他从高中一年级才插班进来，一开始好像不大容易接近，看来他已不再是小孩，而是一个快要成熟的青年了。他从不参加体育活动，只是爱听戏，京戏、昆曲都喜欢。他还偶尔粉墨登场，记得后来他送给我一张《春秋配》里李春发的戏装照片，就是在燕京大学读书客串演

出时拍的。

不久我又发现他喜欢诗词，并曾熟读《红楼梦》。这就在我们中间出现了新的、更有兴趣的共同点了。这时我们的谈话开始多起来，谈论的主题也集中在《红楼梦》上。有很长一段时间，每天晚饭以后，走出校门，经过南楼、体育场、女中宿舍楼，到墙子河边散步时，谈论的就多半是这个。那真是兴致盎然，杂以激辩，直至回到宿舍还往往不能停止。以我当时的年纪、水平，对《红楼梦》的欣赏当然还停留在《菊花诗》和《螃蟹咏》上面。汝昌当然比我高明得多，好像已经在注意曹家的故事和作者的生平了。可以说，这就是《红楼梦新证》的最初的发轫。当时的谈话内容今天几乎一点都记不起了。但汝昌的研究《红楼梦》早在50年前即已开始，这一节我想是可以作证的。

这一预备阶段最大的意义或许是“发明”了“红学”这个词的英文表述方法。

也是在一次散步、讨论《红楼梦》的途中，周黄二人突然谈及一义：像《红楼梦》这样的中华文学之菁英，必须翻译成一部精确的英文本，让世界上的读者都能领略一二。

黄裳感慨道：“我们有‘红学’这个名目，可惜外国还不懂得，比如英文里也不会有这个字呀，这怎么办？”

周汝昌当即答言：“这有何难，咱们就coin(造)一个新字，叫Redology！——‘Red’的意思是‘红’，而‘-ology’正是表示‘学’、‘学科’、‘学术’等抽象意义的英语词根。”

1939年，周汝昌以优异的成绩考入燕京大学西语系。

1941年，日军占领燕京大学，把教授从燕京押送到山东省的集中营，学生则悉数被遣散，周汝昌只好回家自学。

1947年，周汝昌参加复试，回到燕京大学。“旧地重游，我已身世沧桑，年华老大，朝气难回，伤情易触，我心绪总带着凄凉的滋味。”

蹉跎多年的周先生感到今生在学术方面或许不会再有什么作为，自己恐怕要像宝玉一样，集天地之逸气，却是天地之弃才。殊不知，改变他命运

的一件事，即将发生。

话说周汝昌的四哥周祜昌，在家读《红楼梦》，读到胡適写的序言，说他发现了曹雪芹友人敦诚的《四松堂集》，但敦敏的《懋斋诗钞》尚未找到。这两本书对于研究曹雪芹生平有重要价值。周祜昌想到弟弟平素酷爱红楼，应当对此很感兴趣，便写信将此事告知周汝昌，说不妨在燕大图书馆找找这本《懋斋诗钞》。

这一找，还真有！周汝昌如获至宝，读罢不几日，一篇名为《曹雪芹生卒年之新推定——〈懋斋诗钞〉中之曹雪芹》便横空出世了。

在这篇论文中，周汝昌先生特别提到《懋斋诗钞》一篇《小诗代简寄曹雪芹》：

东风吹杏雨，又早落花辰。
好枉故人驾，来看小院春。
诗才忆曹植，酒盏愧陈遵。
上巳前三日，相劳醉碧茵。

诗末两句说“上巳前三日，相劳醉碧茵”，可见写诗的前几日作者曾与曹雪芹会面。根据《懋斋诗钞》的体例，周汝昌推断此诗写于癸未年（1763年），再读到该师的自注，更坚定了这种看法：“以上一诗属于癸未年。同年十月二十日一诗自注云：‘先慈自丁丑见弃，迄今七载’；可知‘上巳前三日’，是癸未年无疑了。”由此，周汝昌对胡適根据脂评中一条“壬午除夕，书未成，芹为泪尽而逝”而提出的曹雪芹死于壬午年（1762年）提出了质疑，并表明了自己的见解：曹雪芹是死于除夕无疑，但究竟是死于壬午除夕还是癸未除夕？癸未除夕的可能性比较大，因为《懋斋诗钞》中这首诗写成于当年，时间上应该是准确的；而脂评形成较晚，离曹雪芹去世之日已历数年，在时间上有所误记也是人之常情。综上，曹雪芹应是死于癸未年除夕（1764年2月1日）。

这篇文章发表在1947年12月5日的天津《民国日报》上。作为一个学者，有文章见报，虽也值得欢欣鼓舞，但终究是应有之义，似乎也不必大书特书。

但这篇文章发表后不久，引起了胡适的关注，这就非同凡响了。胡适，1891年生，新文化运动的领袖，1939年诺贝尔文学奖的被提名者，新红学的开山鼻祖，当时已是名满天下的大学者。这么一位大人物看到周先生这篇文章，喜不自胜，亲笔给素昧平生的还仅是一介无名书生的周汝昌修书一封："在《民国日报》图书副刊里得读大作《曹雪芹生卒年》，我很高兴。《懋斋诗钞》的发现，是先生的大贡献。"

得到自己一向敬重的前辈的认可，这对周汝昌可谓莫大的鼓励。之后，周先生的《红楼梦》研究进入了一段"白热化"的时期。

周汝昌与胡适书信往来，探讨有关《红楼梦》的问题，半年就写了9封，信中常有超出常人的见解。

胡适开始越发关注这位痴迷红楼的后生，曾邀请周汝昌至东厂胡同一号的家中晤谈。

周汝昌渴望一睹胡适珍藏的"甲戌本"《石头记》，致信向胡适求借，胡适立即托人送至其家中。周汝昌得到这一珍本后，便焚膏继晷地抄写，用两个月将全书誊录一遍，将原本送还。

得知此事，胡适特此在信中说："我读了你信上说的你们兄弟费了整整两个月的工夫，钞完了这个脂砚甲戌本，使这个天地间仅存的残本有个第二本，我真觉得十分高兴！这是一件大功劳！将来你把这副本给我看时，我一定要写一篇题记。这个副本当然是你们兄弟的藏书。我自己的那一部原本，将来也是要归公家收藏的。"是为红学界，乃至学术界一段高风亮节的佳话。

这是周汝昌第一次读到脂系的《红楼梦》，起首便与程高本有别，儿时曾因之而一度放弃继续读《红楼梦》的那段"作者自云……"没有了，直接以"列位看官：你道此书从何而来？"开篇；之后的内容更是有多处出入。这些巨大的差别给了周汝昌极大的触动，自此以后，还曹雪芹好《红楼梦》的真面目，批判书商程伟元、高鹗对原稿的肆意篡改便成为了周先生鲜明的学术立场（周先生曾在1948年给胡适的信中写道："二百年来，此书蒙受的不白之冤太大了"）。可以说，在对脂系《红楼梦》价值的认识上，周汝昌比

他那因搜罗到"天地间唯一孤本"而欣喜若狂的老师胡適还要深刻。(为脂系程系之事,胡周师生俩还闹过一些不愉快,但终究是学术上的分歧,胡適在 1954 年给吴相湘的信中仍给周汝昌以几乎是最高规格的评价:"你在那信里大称赞周汝昌的书,我完全同意。此君乃是我的《红楼梦》考证的一个最后起、而最努力最有成绩的徒弟。")

1950 年,又是几经时局动荡的周汝昌终于从燕京大学西语系毕业。并于不久之后前往四川大学外文系任教。这期间,周先生对《红楼梦》的研究未尝有片刻停歇。终于于 1953 年开出了他人生中第一朵学术之花——专著《红楼梦新证》在上海棠棣出版社出版了。此书被誉为"红学史上一部划时代的著作",也奠定了周汝昌在红学上的地位。当时年仅 12 岁的刘心武在书店看到这书,当场就买回了家,虽然读得似懂非懂,却"有读侦探小说的快感"。

半个世纪之后,已是耳顺之年的刘心武在央视"百家讲坛"栏目播讲二十多集的《刘心武揭秘<红楼梦>》,也不失为一段"证前缘"的历程啊。

在这部周汝昌先生的代表作中,周先生通过精密的考证澄清了"旧社会对《红楼梦》的种种歪曲",这种歪曲既包括文字上的(如程、高之改写),也有主旨的解释上的(之前的红学,"索隐派"盛行,将《红楼梦》附会成完全是在影射某个政治事件);解开了作者曹雪芹生平中的诸多疑点;详细地阐释了《红楼梦》的文学意义和社会意义。指出《红楼梦》是一部石破天惊的伟大作品,曹雪芹是旷世天才。

因《红楼梦新证》而名声大噪的周汝昌奉调到人民文学出版社工作。1954 年,红学界发起批判俞平伯的运动,周汝昌也被迫撰写了批评胡適、俞平伯等人的文章。当时已到中国台湾地区的胡適看了这些文章,并不以为意,反而替周汝昌辩护:"关于周汝昌,我要替他说一句。他是我在大陆上最后收的一个'徒弟',他的书绝不是'清算胡適思想的工具'。他在形式上不能不写几句骂我的话,但在他的《新证》里有许多向我道谢的话,别人看不出,我看了当然明白……"与此同时,随着运动的进一步发展和失控,周汝昌本人的学术观点,也不可避免地遭到无情的批判。

1969 年，周汝昌被下放到湖北咸宁五七干校，因体弱不能干重活而被安排与杨霁云一起抬粪。红学研究是没法继续了，但即便是在这样的条件下，只要逮着无人监视的机会，周汝昌便与杨霁云漫谈，而漫谈的主题，还是离不开《红楼梦》。

周汝昌曾不无怅恨地回忆自己的青少年时光："从 9 岁（虚岁）进入小学直到大学毕业，经历了记不清的失学、停课、逃难、沦陷……这中间我被历史环境所迫而虚耗的宝贵光阴竟达 11 年之多，足够上三次大学毕业了……"套用一句脂批，周先生此言不直云后而云前，闻之令人坠泪。

1970 年，在周总理的多方努力下，周汝昌被调回北京人民出版社继续工作。他的红学研究，终于可以继续开展。

1976 年，《红楼梦新证》出版增订本，周汝昌当年在四川大学的好友缪钺教授遥赠小诗一首：

廿载交亲未易忘，燕山锦水接遥方。

索居病目伤孤陋，新证红楼发耿光。

伪续窃貂真妄作，脂评吐凤足参详。

三朝史事重稽考，赏析何时共一觞？

既是对之前二十年周先生红学研究的回顾，又有对周先生今后学术研究的期许。而周先生的红学事业，也确实如同河清海晏的时事一般，重新走上了正轨，不断积蓄力量创造新的辉煌。

20 世纪 80 年代，随着中国国际地位的提升，中国的学术也逐渐得到世界的关注。当年与同窗发明"Redology"的翩翩少年，如今真的走上威斯康星大学、哥伦比亚大学这些美国顶尖学府的讲台，让世人领略红楼的魅力。

2004 年，署名"周祜昌、周汝昌、周伦玲"的《石头记会真》出版。《红楼梦新证》与《石头记会真》，被认为是周汝昌红学研究的两座高峰。周汝昌为《石头记会真》撰文，题目是"五十六年一愿酬"。56 年前，也就是他向胡适借得"甲戌本"《石头记》，并抄得副本的那一年。那一年，他向胡适提出建议：应当依据"甲戌本"，加上"庚辰本"和"戚序本"，精核整订出一部接近

曹雪芹原著真手笔的好版本。今天，这个愿望终于实现，用了56年的光阴。其时胡適早和当年同他一起抄书的哥哥周祜昌都已去世，物是人非，留下人间几多悲喜。

2012年5月31日凌晨1点59分，周汝昌在家中逝世。媒体采访周先生的女儿周伦玲，周伦玲说，父亲死前一天还在看红楼。此时此刻天国的周先生，或许正在太虚幻境，细品着警幻情榜吧。

逐梦箴言

人精力的总量总是相仿的，有的人成功了，因为他将精力专注于一点。

知识链接

《红楼梦》的版本

《红楼梦》的版本大体可以分为脂本和程本两大系统。前者可以简单理解为是作者的稿本及基于作者手稿的传抄本，因有脂砚斋的批语而得名；后者则是书商出版活动的产物，因书商为程伟元而得名。

脂本系统的版本之前统计有11种。随着研究的深入，又有一些版本被发现，目前主要有14种：

甲戌本，即胡適得到的那本"天下仅存的珍本"，名"脂砚斋重评石头记"，存16回，4回一册，分装为4册。此本是最早被发现的脂本，胡適（1891—1962）旧藏，后存于美国康奈尔大学。2005年购回，现藏于上海博物馆。

己卯本，亦名"脂砚斋重评石头记"，存42回。因31~40回这一册的目录页上有"己卯冬月定本"六个字，故称己卯本。

知识链接

庚辰本，名“脂砚斋重评石头记”。存78回，前80回中缺第64回和第67回。装成8册。10回一册。后四册目录页有“庚辰秋月定本”字样，故名。这是迄今为止发现的含有脂批回目最多最完整的一个《红楼梦》版本。

蒙古王府本，简称蒙府本，名“石头记”，发现于清代一蒙古王府，故名。120回。

戚序本（又称“石印本”、“上海本”或“南京本”），名“石头记”，因各回有戚蓼生作的序，故名。80回。

杨藏本（又称“梦稿本”），120回。曾为杨继振收藏，故名。

舒序本，名“红楼梦”。存前40回。有舒元炜1789年（己酉年）写的序，故名。

俄藏本，原称“列藏本”，现存于俄罗斯圣彼得堡东方研究所（Institute of Oriental Studies of the Russian Academy of Sciences）。存78回，缺第5回和第6回。没有总书名。除少数几回名“红楼梦”外，各回皆名“石头记”。与其他抄本相比，本版本形成时间较晚，因此可能与曹雪芹稿本原貌有较大差异。

梦觉主人序本（简称“梦觉本”，又称“甲辰本”），名“红楼梦”，有梦觉主人序。80回。

郑藏本，存第23、24回。曾为郑振铎（1898~1958）收藏，故名。

北师大本，存78回，缺第64回和第67回。共两函，16册。现藏北京师范大学图书馆，故名。此抄本为1957年由琉璃厂书店购入，1961年收入北京师范大学图书馆编《中文古籍书目》后被遗忘，至2000年被中文系博士生曹立波发现。

卞藏本，仅存前十回。是新发现的残脂本，2006年深圳收藏家卞亦文于上海拍卖会上购得，故名。

程本系统主要有程甲（1791年出版）和程乙（1792年出版）两个版本，也有人考证有所谓“程丙本”，学界尚在争议。程本对曹雪芹的稿本做了大幅度修改，并请高鹗续写了后40回。高鹗的续写在学界乃至社会向来毁誉参半，誉者，他毕竟基本忠实于原作者整体性的大的构思，并给了《红楼梦》一个结尾；毁者，高鹗在文笔、性灵与境界方面都远逊曹雪芹，续写的部分不仅行文上不见有大精彩处，对主要人物形象也有相当程度的扭曲，周汝昌就痛恨高鹗的续写，斥之为“恶续”。

知识链接

红学流派

红学是专攻中国古典文学名著《红楼梦》的一门研究，大体可分为三派。

第一派为索隐派，代表人物为教育家蔡元培（1868—1940）。这一派将《红楼梦》的情节比附清代某些历史事件，诞生了“清世祖与董鄂妃故事说”、“纳兰成德家事说”、“排满说”等等观点。

第二派为考据派，亦即胡適开创的新红学。这一派认为《红楼梦》系曹雪芹自传，并利用严谨的文献学方法加以考证。早期代表人物为胡適、俞平伯（1900—1990），二人分别发表《红楼梦考证》（1921 年出版）、《红楼梦辨》（1923 年出版），一时引起学界的震动。然而之后一直没有力作问世。周汝昌的那篇《曹雪芹生卒年之新推定——〈懋斋诗钞〉中之曹雪芹》再掀考据的高潮，给考据派注入了一剂高水平的强心针。这也是胡適之所以如此看重此文，如此高看周汝昌的原因之一。

第三派为文学评论派，代表人物为国学大师王国维（1877—1927）。王国维引入德国哲学家叔本华（Arthur Schopenhauer，1788—1860）的思想，以西方的视角阐释《红楼梦》，可以看作是一种比较文学、比较文化研究。如果说之前两派着眼点在作品的外部（作品的素材、作者的身世等），则这一派偏重研究作品的内部（艺术价值、思想价值等）。

当然，随着学术研究的不断深入，各派也在不断吸取其他派别的长处，比如周汝昌先生的红学著作，便在严谨的考据之外也很重视作品的人文关怀。

到了 20 世纪 50 年代，李希凡（1927— ）等人又提出了“社会派红学”，即运用马列主义解读《红楼梦》。

■ 与鲁迅相遇

提到"与鲁迅相遇",大家第一个想到的可能是北大的钱理群老师。三联出版的钱理群的《与鲁迅相遇》确实是近年来鲁迅研究界的一部佳作,然而本文主要讲的并非钱先生,而是与我们隔海相望的邻国日本的学者——竹内好。

提起"竹内好"这个名字,国内的非学术人士或许不大熟悉。如何用一句话概括一下这位学者,让国内的读者对他有个初步却鲜明的印象呢?我想可以套用刘再复评价周汝昌的一句话——"中国第一文学天才的旷世知音",竹内好便是"文学大家鲁迅在日本的旷世知音"。

竹内好一生钻研鲁迅,鲁迅不仅是他学术研究的主题,还是他学术研究的路径。鲁迅的精神和特质深深地引起着他的共鸣。下面,让我们一起走进"竹内鲁迅"的世界,看他如何与鲁迅相遇,与中国文学相遇。看他所遇到的鲁迅,与你心目中的鲁迅,又有何不同?

竹内好1910年生于日本长野县南佐久郡臼田町,父亲是长野县税务部门的一名公务员,母亲则是当时尚不多见的毕业于渡边女子学校(今东京家政大学)的新女性。

竹内好5岁那年,父亲离职自己干事业,起先可谓春风得意,竹内家的家境因此颇殷实过一阵,但随着一次投资失败,家道便败落了,以至于到了青黄不接的地步。

鲁迅先生曾说过:"有谁从小康之家而坠入困顿的么。我以为在这途

中，大概可以看到世人的真面。”有着同样经历的少年竹内好忍受着家境的变动带给自己的不安和来自外界的屈辱，渐渐变得少言寡语，喜欢自己一个人看书。他学着用与之前不同的批判性眼光重新审视周围的一切，被人说成是“厌世的孩子”。“厌世”是个即便用来批评大人也显太过的词语，如今却加诸一个孩子的身上。好在竹内好并没有真的厌世，相反，他对外界的那种时刻自觉的紧张感，构成了他日后学术乃至整个思想的底色。

1931 年，竹内好考入东京帝国大学（今东京大学）文学部支那文学科，开始了他的学者生涯。

进入大学的竹内好依旧是个“怪人”——他深处学院，学问精湛，却对学院派的做派和学术方法深恶痛绝；他身为支那文学的研究者，却对兄弟学科——支那学、汉学进行猛烈的批判。他反思学术中的权力机制，反思人人都为之大唱赞歌的日本的近代化，反思国民性，更反思自己——那个“我”……儿时形成的飘荡的精神特质如今附着在坚固的学术基础上，逐渐形成竹内与众不同的学术特质，在竹内好心中留下一个又一个的结，促使他不停地思考，不停地反躬自问，去求索答案。

竹内好学术生涯的第一个具有关键意义的节点，是他 1933 年写就的那篇毕业论文——《郁达夫研究》。这一节点同时具备三重的意义：一、成为学术界这一领域的少数派；二、与中国近现代文学相遇；三、为日后与鲁迅相遇打下伏笔。下面我们来具体解释一下：

当年东京帝国大学文学部的支那文学科和支那哲学科的毕业生加在一块儿有 34 个人，只有竹内好一个人将与之同时代的中国作家作为论文研究的对象，其他的学生均承袭业已成熟并且卓有成效的所谓支那学的研究方法，以言必有据的科学性的态度研究中国的古典典籍。

在支那学的学者看来，同时代的作家尚未被经典化，甚至尚未定型，存在着较大的变数和随意性，不能作为严谨的学术研究的对象，即不是“确定的知识”。

而竹内好认为这是学院派的一种思维的惰性，一种对于流动和紧张的知识的抵触，因而缺少对知识内在张力的敏感，缺少直视现实的勇气，进而

缺少生命的热情。

在竹内好看来，所有的知识都会，也应该在知识再生产的过程中变成流动不居的实体，因而知识不可能是客观的，它因研究主体的存在方式而存在；知识的状况性与普适性之间的悖论关系，才是它真实存在的依据。从这篇论文开始，他的学术被打上了深深的"主体性"的烙印，对于主体性的共同的"执拗"，可以说是竹内好与鲁迅最内在的契合点。与此同时，对郁达夫的研究成为竹内好进一步深入研究中国现代文学的优良的切入点，成为竹内好最终走向鲁迅的桥梁。

竹内好学术生涯的第二个节点是在他毕业后不久，设立中国文学研究会并创办会刊《中国文学月报》。

竹内好可以说是将全部的时间、精力与财力投入到这个学会和这本刊物之中。如果说之前的竹内好是"游击队员"，那么自此，他拥有了自己的阵地。

作为研究会会长和会刊的主编，他是一个强有力的克里斯玛（charisma）型的领导者，但同时也是一位"独裁者"。他要求学会有鲜明的"党派性"，即独特的主张——中国文学研究会将关注的焦点放在中国现代的文学上，这里有两个要点，一是"现代"，要关心正在生成的、流变不居的，与现实发生千丝万缕联系的文学；二是"文学"，在竹内好看来，支那学所研究的，其实叫"文献学"才准确，他们关心的不是古典名著对思想的震撼，对心灵的启迪，而是更关心其外部的、技术层面的知识。他管这叫"说到底不过是拿着概念置换概念罢了"、"把关于事物的概念朴素地界定为离开认识主体的实在之物的低调学风"。于竹内好而言，只有当这些文献经由主体派生的苦恼而被转化成"自己的语言"的时候，才成其为文学。

这一主张的提出，显然是在向支那学、汉学开火。

事实上，竹内好并不是对支那学、汉学本身有深深的偏见或刻骨铭心的仇恨，他也曾在文章中称道乾嘉学派考据的方法，甚至主动破除人们对汉学的一些误解，让竹内好警惕进而不得不与之保持距离的，其实是它们背后体现出的僵化却傲慢的学术体系、学术霸权。

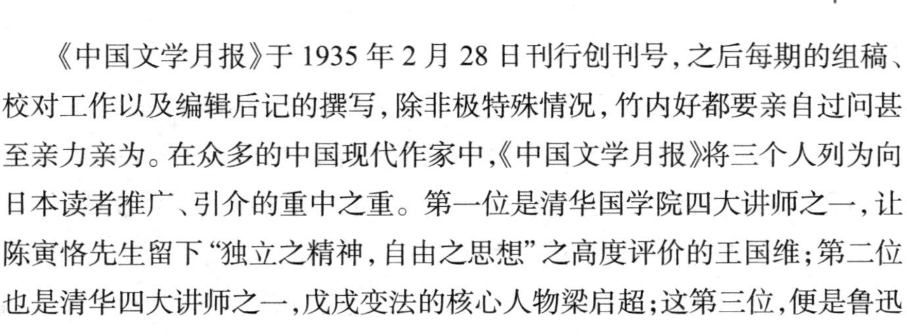

《中国文学月报》于1935年2月28日刊行创刊号，之后每期的组稿、校对工作以及编辑后记的撰写，除非极特殊情况，竹内好都要亲自过问甚至亲力亲为。在众多的中国现代作家中，《中国文学月报》将三个人列为向日本读者推广、引介的重中之重。第一位是清华国学院四大讲师之一，让陈寅恪先生留下“独立之精神，自由之思想”之高度评价的王国维；第二位也是清华四大讲师之一，戊戌变法的核心人物梁启超；这第三位，便是鲁迅了。

竹内好与鲁迅最早的缘分，是在1931年，也就是他考入东京帝国大学那年的10月。竹内好读到了四六书院出版的一本《支那小说集》，里面有一部作品，让竹内好眼前一亮，这篇作品便是鲁迅先生的《阿Q正传》。

那种含泪的笑，那种对生活的荒诞与荒凉的深刻的体悟，深深地触动了竹内好。在读它的时候，竹内好觉得，心中一直思考却始终不得解的某些死结，松动了！

彼时在日本，鲁迅先生的作品还没有被大量地翻译，以竹内好刚入大学的中文水平，也还很难直接阅读鲁迅先生的中文原著。因此，那一次，在受到深深的触动后，竹内好却没有机缘阅读鲁迅先生更多的作品，这颗惺惺相惜的种子，还需在土里养精蓄锐，在多年后的某天，破土而出，吐露芬芳。

在东京帝国大学支那文学科的几年里，由于对中国文学的爱好，竹内好的中文水平突飞猛进。及至毕业，已经可以自如地阅读中文写成的作品。终于，他要将多年以前的遗憾拾起。

1936年3月，在经过长时间精心的准备后，《中国文学月报》的《鲁迅特辑号》问世了。特辑对鲁迅这位中国的文豪进行了全面细致的介绍，着重推荐了他的小说集《呐喊》和杂文集《华盖集》，特别是对《狂人日记》这部小说，做了精辟的阐释和解读。

那段重拾鲁迅的日子，于竹内好是空前幸福的。他如痴如醉地阅读，从鲁迅先生渊博的知识和犀利的文笔中汲取营养，获得力量。那种对外界、对自己深刻的反省，那种骨子里的主体意识和批判意识，让竹内好顿生相见恨晚之感。

他努力争取着前往中国留学的机会，渴望能与这位尚未谋面的异国知己见面，"晤谈一室之内"（之前，中国文学研究会曾接待过到日本访问、学习的周作人和徐祖正）。可是，竹内好的留学申请还未批准下来，1936 年 10 月 19 日清晨 5 时 25 分，鲁迅先生在上海与世长辞。上海上万民众自发为其举行前所未有的隆重葬礼，民众代表将写有"民族魂"的大旗轻轻地覆盖在其灵柩之上。

消息传到日本，竹内好将《中国文学月报》当期已经组好的稿子全部撤换，又做一期鲁迅的特辑，并翻译刊载了鲁迅先生的那篇《死》，以为祭吊。

鲁迅先生逝世后不久，与鲁迅"交谊至深，感情至洽"，同时也是竹内好毕业论文研究对象的郁达夫，以福建省公报室主任的身份到日本购买印刷器械，一起来的还有同在"创造社"的郭沫若。竹内好带领中国文学研究会的同仁为二人举办了热烈的欢迎会。席间谈及亡友鲁迅，郁达夫感慨良多，竹内好怅恨无限。

1937 年 1 月 18 日，在日华学会高桥君平的斡旋下，竹内好终于得到了这份迟来的留学机会。本次留学由日本外务省文化事业部提供补助，留学期为 2 年，名义是赴中国研修汉语。

同年 10 月，留学许可证下发，同时寄来的，还有竹内好的好友、中国文学研究会另一位骨干武田泰淳的入伍召集令，命其尽快报到，奔赴华中战场。

稍有历史常识的人都清楚地知道，1937 年 7 月 7 日，日悍然发动卢沟桥事变；中华民族开始了长达 8 年的神圣抗战。

一年光景，人间已是物是人非若此，此时的竹内好，心里可谓五味杂陈。10 月 17 日，与武田泰淳前后脚（武田泰淳 11 月 16 日入伍出征），竹内好怀着复杂的心情朝北京出发了。

在这样一个尴尬的时期到中国留学，注定了竹内好要度过尴尬的 2 年。鲁迅先生与他已然是阴阳两隔了；他在中国的旧友，大多前往西南或海外避难，已无从联络；困在沦陷区的一些作家、学者，又对这个敌国来的留学

生抱持着深深的戒备和厌恶，他的每一次访问，遭到的都是冷冷的回绝。

不过这次游学还是对竹内好的学术产生了相当的影响——他亲眼目睹了之前对他来讲只存在于文本中的中国，实地接触到了鲁迅笔下的中国人，对中国在近代化进程中的得失有了更其深刻的体会。

对鲁迅的阅读及在中国2年的生活，让竹内好多年求索却始终模模糊糊、东躲西藏的解决他思想中那些结的方法一下子鲜明了——借由中国、借由鲁迅这个路径，反思日本、反思自己的人生！

就这样，竹内好在学术和情感上都完成了与鲁迅对接的准备，开始写作他一生最重要的学术著作——《鲁迅论》(定稿时题目为《鲁迅》)。

写作这样一部著作是异常艰难的，因为请记住，竹内好的学问，从来不是站在研究对象之外，高高在上地对其指手画脚；而是将自己的性灵、自己的心、自己对生的执著与欲念、对死的冥想与沉思深深地投射进研究的对象之中，并借由剖析这个对象剖析自我，因此，每一笔可以说都是深挖灵魂的泣血之笔。

这部书稿在他留学期间只完成了很少一部分，于是回国后继续焚膏继晷地写作。这期间，他一字不落地读完了20卷本的中文版的《鲁迅全集》，精读了当时公认的最出色的对鲁迅的评论——李长之的《鲁迅批判》，参考了好友增田涉的那篇《鲁迅传》以及其他海量的文字及口述资料。

就在他为此废寝忘食之际，一纸入伍召集令摆在了他的桌前，他就要面对与好友几年前所面对的相同的命运(其时武田泰淳已从前线被调回)。这给曾被冠以“厌世的孩子”之称的小孩，这次真的生出了一种绝望。

他认为自己再也不能活着回来了，而倾注他毕生心血的《鲁迅》却还没有完成。于是，他以留遗书的悲壮与决绝，以超人的毅力夜以继日地写作，居然真的在报到之前完成了这部杰作，并将稿本交付给当时已在日本评论社任职的他最信任的朋友武田泰淳，将校对和作跋的工作都交给了他，其郑重、其审慎，无异于托孤。

一年之后(1944年)，该书出版。此时的竹内好远在中国湖北，担任一名后方的通讯兵。竹内好这第二次以更尴尬的身份来到中国的经历，对于

其学术生涯而言,并没什么可说的。让我们把焦点放在他那本《鲁迅》上吧。

在《鲁迅》中,竹内好着重探讨了鲁迅的“回心”,以及所谓“文学的正觉”。

“回心”是借用佛教中的一个词翻译英语中的“conversion”,在这里指鲁迅一生中那个决定性的时机。当这个时机到来时,“各种各样的要素,不是作为要素发挥其机能,而是形成环绕着他一生的回归之轴。”这个“回归之轴”,便是使得光明消逝于其间又诞生于其间的“黑暗”的“无”。换言之,就是对世上的一切持审慎的怀疑态度而又不由自主地对其充满爱与希望的这种本质的矛盾与挣扎。

鲁迅怀疑,却又爱着,这种无时不在的紧张和对自己的否思与扬弃,塑造了真正的文学者鲁迅,而不仅仅是先知鲁迅、革命者鲁迅。相反,竹内好不认为鲁迅是先知,因为先知,或者说先驱往往因自己先驱的位置而孤立于历史之外,他们并没有与自己所倡导的未来共始终。

鲁迅不是这种人,他深深地介入了他所言说、他所思考的时代,始终保持着清醒的“主体”意识,为了自我的确立进行拼搏,而不是静止地接近他所认知的理想。

请注意,这里是竹内好在说鲁迅,也同样是在说他自己。竹内好写鲁迅的孤独与顽强,其实也是一种自勉;他写鲁迅的否思,也是在提醒自己不要陷入某种自我保存的僵化之中;他反对用词语将鲁迅神化,也是在警告自己慎重地使用语言……这种借助鲁迅,借助他者不断地反思,进而从内部解构、还原自我,重塑自己世界观的方法,之后也被竹内好用在他对日本近代化的思索上,并被其他的研究中国文学,尤其是研究鲁迅的日本学者所继承,形成了“日本鲁研界”独特的学术风格。

经由竹内好这一特异的理解者,鲁迅精神在日本找到了绝好的载体,成为之后日本知识界的一个“精神原点”。

1945年战争结束,从战场上回国的竹内好继续致力于对鲁迅的引介和研究,先后出版了《鲁迅杂记》、《鲁迅入门》、《续鲁迅杂记》等专著,翻译了鲁迅的《野草》、《两地书》、《呐喊》、《故事新编》等作品,并于1983年出版了

日文 6 卷本的《鲁迅文集》。

一个人对他研究对象的倾倒能深到一个什么程度？我们不妨看看竹内好，套用竹内好之后第三代日本鲁研界代表人物伊藤虎丸的话——“竹内好研究鲁迅的方式都是鲁迅式的”。

逐梦箴言

“这是一个权威说话的世界，是一个权威降服人的世界。在这个世界里，不问对知识倾倒的深度，而首先关心的是知识的多寡，这也是通用的衡量标准。”这是竹内好批判当时支那学流俗的反讽的话，牢记它吧！

知识链接

《鲁迅批判》

《鲁迅批判》，1936 年出版，作者李长之（1910—1978）。

该书是鲁迅研究史上第一部成系统的专著，也是唯一经过鲁迅批阅的批评鲁迅的书（鲁迅先生赠李长之相片一张作为封面），在学术界影响很大，至今仍是研究鲁迅的学者的必读之书。书中详细梳理了鲁迅思想的发展轨迹，并以具体的作品作为例证，辅以作者本人对作品的品评，准确地把握了鲁迅的人格精神与创作风貌。

竹内好在写作《鲁迅》时借鉴，也批判了很多《鲁迅批判》的观点。

最后谈谈书名中的“批判”二字，这个词取自德语词“kritik”的翻译，是“分析”、“评论”之意（如康德的《纯粹理性批判》，原文“Kritik der reinen Vernunft”），但总是被人误解为“批评”、“反对”之意。并因此而在文革中受到严厉批判。粉碎四人帮后，又有出版社找李先生商量再版，并建议他改一下书名，倔强的

李先生的回答是："批判其实就是分析评论的意思。我为《鲁迅批判》遭一辈子罪，不改，不出，也罢！"

知识链接

伊藤虎丸

伊藤虎丸（1927—2003），中国文学研究者，鲁迅研究专家，"日本鲁研界"第三代代表人物（虽然其年龄比丸山升略长）。著有《鲁迅与终末论——近代现实主义的成立》、《鲁迅与日本人——亚细亚的近代与"个"的思想》。

那本《鲁迅与终末论——近代现实主义的成立》建议大家不妨读一读，其对自身，对本民族的反省与冥想，最有竹内的遗风。

《与鲁迅相遇》

《与鲁迅相遇》，"三联讲坛"系列丛书之一，作者钱理群（1939— ）。

钱理群的"鲁迅研究"一直是北大选修的课。与学院派研究追求感情零度介入相反，钱先生选择全身心激情投入。在感受到生命困境和现实困扰之际，他总是回到鲁迅那里探寻答案。而他对鲁迅的读解，也因此超越知识与学术的范畴而成为生命与生命的慰藉，心灵对心灵的对话，思想对思想的碰撞。

该书是钱理群的告别北大讲坛之前的"最后一次演讲"的现场录音整理讲稿。作者试图还原到历史现场和时代氛围中，对鲁迅的生命足迹，思想脉络和文学作品一并进行"文本细读"，把不再是神话人物和历史雕像的鲁迅与年轻学子们维系在一起。

智慧心语

蚓无爪牙之利，筋骨之强，上食埃土，下饮黄泉，用心一也。蟹六跪而二螯，非蛇鳝之穴无可寄托者，用心躁也。

——（战国）荀子《劝学》

精通一科，神须专注，行有余力，乃可他顾。

——董必武

我写过一篇散文，题目是《不悔》，这就代表我整个的人生态度。我希望你就吸取我这一点痴情傻劲。

——周汝昌

任凭怎样脆弱的人，只要把全部的精力倾注在唯一的目的上，必能使之有所成就。

——[古罗马]西塞罗

力量的秘密在于专注。

——[美]爱默生

人的思想是了不起的，只要专注于某一项事业，就一定会做出使自己感到吃惊的成绩来。

——[美]马克·吐温

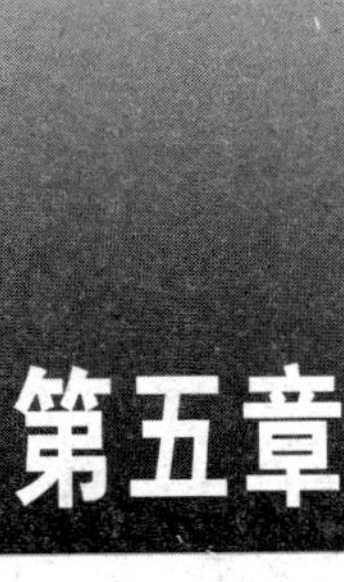

第五章

触类旁通

导读

伊藤虎丸在他的代表作《鲁迅与终末论——近代现实主义的成立》中对中日文化做过一番精辟的比较。他说中国文化是"杂种文化"，即能够将不同来源的文化纳入到一个系统之中，使之彼此可以互为补充或互为反诘；而日本文化是"杂居文化"，外来文化什么样，吸收进来还是什么样，各种文化自成一体，杂处一处却不相联属。前者体现出的是一种知识迁移，或者说"运化"的能力，这种能力能让人们深刻而通透地理解异质的知识与思想，将它们化作滋养自身的营养，生出无穷的力量；而后者欠缺这种能力，对外来知识的利用便很有限。用一句成语概括这种能力，便是"触类旁通"。要做到这一点，归根结底靠的是"明晰的理性"。而这明晰的理性，或许是学者最异于其他职业，也最可自豪的特质。

精骛八极，心游万仞

在开始正文之前，让我们先来看看下面一组书目：《印度文化论集》、《高卢日耳曼风俗记》、《艺术科学丛谈》、《通俗天文学》、《流转的星辰》、《甘地论》、《梵语文学史》、《比较文化论集》……看到这儿，你或许会说，看不出有什么联系啊，一会儿文化，一会儿科学，一会儿天文，都出来了；圣雄甘地，那是近代政治人物，梵语文学，一下支到几千年前了。

如此庞杂的书目，放到一起有什么用意吗？现在我来揭晓答案：这些书皆出自一人之手。这个人便是只有小学文凭却名列燕园四老之一的金克木先生。

金克木，我国著名翻译家、散文家、学者。

若论专，金克木先生的印度学，以及在梵语、巴利语领域的研究，全中国似只有其前辈陈寅恪、其同辈的季羡林可以相提并论。但金克木老先生最为人称道的，还不是他的专，而是他的触类旁通。

金克木在学界是有名的大"杂"家。

先说语言——

金先生会英语、法语、德语、世界语、拉丁语等各国语言，梵语、巴利语更是他的老本行。

如此语言功底，钱锺书先生或都有所不及。

再说学问——

金先生对儒家、佛家、道家（所谓"儒释道"）均有长期的研究。

但你不要以为金老只懂国学，他对西方学问，也是如数家珍，伦理学、心理学、逻辑学、人类学均为其所擅长。

你也不要以为他只懂人文社科，他在数学、物理、天文学方面也有不少独到的见解。

最后，你不要以为金先生只是杂七杂八学了些东一榔头西一棒子的知识，他擅长将各种学问融通在一起，蔚为大观。

仅以他的一篇文章为例：

《传统思想文献寻根》，这是金先生发表在1995年第6期《传统文化与现代化》上的一篇文章。文章先是漫不经心似的讲了讲甲骨文、《周易》和《尚书》，一转而谈到时下的电灯、西服之类，意在说明“传统思想要古今互相印证”。

接下来切入正题：“今人思想可以凭言语行为推断，古人思想只有凭文献和文物。可以由今溯古，也可以由古见今，将古籍排个图式以见现代思想传统之根。我来试一试。”

这一试，便从佛法的“六经”讲到儒家的“六经”，如此的信息量以让人感觉有些拙于应对，不料金克木先生还不满足于只就中国文化谈中国文化，还要借由他者的眼光反思，称：“想看清自己的可以先对照别人的。有个参照系可以比较，那就先从国外当代思潮谈起。”

这“谈起”果真只是谈起而已，金先生在参照完西方现代思潮后，又追本溯源，由当代而转到古代，谈起了古希腊的苏格拉底、柏拉图一干先贤。还从科学发展史的角度，介绍了毕达哥拉斯和勾股定理，牛顿和万有引力定律，达尔文和进化论，爱因斯坦和相对论等等。

文章不能算太长，但信息量之大绝对超乎想象，对读者的文化积累是一种绝大的考验。最妙的是如此多的信息融会一处，皆能彼此照应，相辅相成。让人不能不叹服作者的功力。

这种功夫是怎么炼成的？一定有名师点拨吧？答案可能让你大跌眼镜——如此渊博的学问，几乎全靠自学。金先生一生中填过无数表格，而这些表格的“学历”一栏，他填的永远是“安徽省寿县第一小学毕业”。

金克木1912年8月14日生于江西，其父是位屡试不第的穷秀才，在金克木诞生这一年好容易考了个功名，结果，不到半年的工夫，众所周知的震惊中外的辛亥革命便爆发了。中国开始了一段从帝制向共和过渡的震荡期，在这一震荡期首先被震下来的，当然是金父这种旧体制末端的小吏了。

这一来，原本就不济的家道雪上加霜，金克木小学毕业后，只念了一年中学就因经济上的困难被迫辍学了。辍学后的他只得四处打打零工，贴补家计，这样的日子一直持续到1930年。

学虽然上不成了，但金先生对知识的热情恐怕百倍千倍于很多上学的人。最近，名校保安近水楼台，耳濡目染考上大学的新闻频频见诸报端。金先生大概可以算是这群弟兄们的祖师爷。

打杂也要在名校边上打啊！

于是，他来到了北京，与一群同样因种种原因读不了大学的年轻"北大迷"一起，到当时还设在沙滩红楼的北京大学旁听。

那一时期，在北大的课堂上，经常能看到一位旁听生的身影，这个身影的出现无任何规律可言，管你是国学、外语还是自然科学，只要是他感兴趣的，他便风雨无阻地到场，大有当年陈寅恪负笈求学欧陆的风范。

就这么旁听到1935年，金先生迎来了生命中的一个重要转折。

那年，曾和金克木先生一同听过法语课，并与金先生结为好友的沙鸥从北大毕业了，被北大图书馆请去当阅览股股长。有道是"苟富贵，勿相忘"，沙鸥新官上任，便想到了生计尚未有着落的金克木，于是大力推荐他去北大图书馆当职员。

这一来，对知识无比狂热的金克木可算是猛龙入江了。在北大图书馆，他负责借书与还书的登记，利用职务之便，他有机会看到北大的老师和学生们都借什么书，自己悄悄将书目记录下来，一有时间自己也去借来看。由于来借书的师生研究什么的都有，金克木接触到的书目便也包罗万象。

另一方面，北大师生，尤其是名师借书，往往都有一定章法，等于帮助金克木先生做了文献的筛选工作，细细揣摩，还可以从中领悟治学之道。

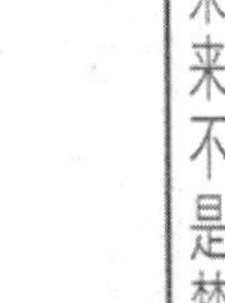

可以说,金克木这个大杂家就是图书馆教出来的,他这样回忆那段时光:“若不是有人借过像《艺海珠尘》、《海昌二妙集》,这类的书,我未必会去翻看。外文书也是同样。有一位来借关于绘制地图的德文书。我向他请教,才知道了画地图有种种投影法,经纬度弧线怎样画出来……”

特别是有一次,一位神气有点落拓的穿旧长袍的老先生前来借书,借书单上写的都是些古书名,署名是一位鼎鼎大名的教授。金克木悄悄地把这些书名硬记下来,有了空隙,便照单去找这些书查看。“我很想知道,这些书有什么奥妙值得他远道来借,这些互不相干的书之间有什么关系,对他正在校注的那部古书有什么用处。经过亲见原书,又得到书库中人指点,我增加了一点对古书和版本的常识……”

此外,每年夏天的“毕业季”总会有很多毕业生卖书,这些书基本都是写论文时用到的参考资料,金克木先生据此也了解到各个专业的重要书籍。

从上面的例子可以看出,要想成为触类旁通的渊博学者,旺盛的好奇心,对知识的渴望是不可或缺的先决条件。除此之外,还需要有见微知著、举一反三的自学能力。

上文提到的金先生从大教授所借书目中摸索考据的方法是例子之一,下面这个例子则更传奇,也更广为人知,那就是金克木学拉丁文的故事:

此事记录在金先生的《自撰火化铭》一文中:“战时至西南,逢史学名家赠以恺撒拉丁文原著,谆谆期以读希腊罗马原始文献,追欧洲史之真源以祛疑妄。”

从零基础开始学拉丁文,然后阅读古罗马原著,追溯欧洲历史的源头,这种宏愿太过宏大,以至于对于许多人而言仅仅是个宏愿而已,但金先生远超常人的好奇心和对知识的渴求,驱使他“一万年太久,只争朝夕”。

他是如何学习的呢?

当时的历史环境(抗日战争时期),出国去欧洲拜名师访高友是不大现实的。国内熟练掌握拉丁文的,怕也只有当时已接近失明的陈寅恪先生。无奈何,金克木便发挥他常年泡图书馆修炼成的自学功力——查字典!就这样,金克木靠着一本拉丁文字典苦读恺撒的《高卢战记》,一本书读下来,

他便可以自如地阅读拉丁文文献了。

1941年，金克木先生经缅甸到印度，任一家中文报纸《印度日报》的编辑，同时随印度学者侨赏弥学梵文和巴利文，研究佛学。之后，又协助戈克雷教授校勘梵本《集论》。

这之前金先生并未专门致力于过印度学的研究，但常年的自学形成的明晰的理性让他可以迅速迁移在其他学科中用到的研究方法，使其很快便成为戈克雷教授的左膀右臂。让我们看看金克木先生当时的研究心得（同时也是学习的心得，天下为学者当共一读）："由于原写本残卷的照片字太小又太不清楚，我们就从汉译和藏译先还原。他将面前摆着的藏译一句句读成梵文，我照样将玄奘的汉译也一句句读成梵文，然后共同核对照片上的原文，看两个译本根据的本子和这个原本是不是一样，也免得猜谜式地读古文字，先入为主，自以为是。结果使我们吃惊的不是汉译和藏译的逐字"死译"的僵化，而是"死译"中还是各有本身语言习惯的特点。三种语言一对照，这部词典式的书的拗口句子竟然也明白如话了，不过需要熟悉他们当时各自的术语和说法的'密码'罢了。找到了钥匙，就越来越快，文字形式不是难关了。"

新中国成立后的金克木先生先后在武汉大学和北京大学任教，与季羡林、张中行、邓广铭并称"燕园四老"（或称"未明四老"）。随着年纪的增长，金克木先生读的书越来越多，知识面越来越广，运化知识的能力也越来越强。

北京大学中文系教授陈平原回忆与金先生交流的逸事："先生很懂'因材施教'，从不跟我谈什么印度学、世界语或者围棋、天文学之类，平日聊天，仅限于文史之学。可即便这样，其知识面之广、论学兴致之高，以及脑筋转动之快，都让我目瞪口呆。开始还像是在对问话，很快就变成独白了。每回见面，他都会提几个奇异的问题，说是想不通，想征求你的意见，可马上又大讲自己的推断。说到得意处，哈哈大笑，家里人催吃饭了，还不让客人离开。明明已经送到大门口，说了好几次再见，可还是没完。有经验的访客，都在预定离开前半小时起身，这样说说走走停停，时间刚好。"

难怪他这样评价金克木：“像金先生那样博学的长者，并非绝无仅有；但像他那样保持童心，无所顾忌，探索不已的，可就难以寻觅了。以‘老顽童’的心态与姿态，挑战各种有形无形的权威——包括难以逾越的学科边界，实在是妙不可言。”

复旦大学哲学学院教授张汝伦则称他：“说金先生的学问是绝学，不是说他所研究过的学问和领域别人再也学不会，或不会有人再去研究。而是说像他那样能将古今中外各个学科、各种文化融会贯通的，近代以来也就他一人，今后也很难有人能做到了。金先生为学追求一个融通的境界，视野开阔，气魄宏大。”

2000 年 8 月 5 日，金克木先生于北京病逝。在金克木先生的电脑里（金克木先生八十高龄毅然换笔，并迅速掌握了电脑应用知识），存着他写了一半的书稿。你能猜到是关于什么的吗？我想绝大多数人是猜不到的，因为绝大多数人没法想象一个人的触类旁通能达到这样的程度。

这部遗稿是谈霍金的宇宙论的，题目是《黑洞亮了》——金老用自己的一生诠释了他的治学风格：精骛八极，心游万仞。

逐梦箴言

我有个毛病是好猜谜，好看侦探小说或推理小说。这都是不登大雅之堂的，我却并不讳言。宇宙、社会、人生都是些大谜语，其中有日出不穷的大小案件；如果没有猜谜和破案的兴趣，缺乏好奇心，那就一切索然无味了。

——金克木《书读完了》

知识链接

西南联大

西南联大，又称“西南联合大学”。抗日战争爆发后，北京大学、清华大学、南开大学迁长沙，1937 年 8 月合并成立长沙临时大学，设文、理、工、法商四学院，共 17 个系。1938 年 4 月再迁至昆明，更名国立西南联合大学，增设师范学院，扩充至 26 个系，会集一批著名学者，培养人才斐然可观。抗战胜利后，回迁复校。

西南联大汇集的知名学者有：陈寅恪、冯友兰、钱锺书、钱穆、费孝通、王力、吴晗、华罗庚、陈省身、梁思成、林徽因、金岳霖、朱自清、闻一多、沈从文、刘文典等。

西南联大的校歌《满江红》由哲学大家冯友兰填词，张清常作曲，慷慨激昂，甚为感人，今抄录于下：

满江红

万里长征，辞却了五朝宫阙。暂驻足衡山湘水，又成离别。绝徼移栽祯干质，九州遍洒黎元血。尽笳吹弦诵在山城，情弥切。

千秋耻，终当雪中兴业，须人杰。便一城三户，壮怀难折。多难殷忧新国运，动心忍性希前哲。待驱逐仇寇复神京，还燕碣。

《书读完了》

《书读完了》，上海辞书出版社出版。

金克木先生一代大家，其读书与治学自有独到幽微之处。惜其著作出版广而且杂，况未经人整理，故今日学子，得片羽易，而欲窥其全面则难。本书编者爬梳剔抉，参互考寻，从金克木生前约 30 部已出版著作中精选出有关读书治学方法的文章 50 余篇，分“书读完了”——读什么书，“福尔摩斯与读书得间”——怎么读书，“读书、读人、读物”——读通书三辑，其文说理叙事，皆清秀流利，全无晦涩难懂之处，普通读者循序渐进，或可一窥大家通人治学读书之堂奥。

“书读完了”是当年夏曾佑对陈寅恪说的一句感慨。金先

生的书包罗万象，如果自感还没有足够的知识储备去阅读其论文、专著，不妨先读一读这本金克木论读书的书，相信对有志于学的人是大有裨益的。

知识链接

金克木

金克木(1912—2000)，生于江西万载县，祖籍安徽寿县。国内外著名东方学者、教授，在梵文、佛学、翻译、诗歌、美学、比较文学、文艺理论、古代文史及中印文化交流史等方面均取得卓越的研究成果，为中国现当代学术事业的发展与创新做出了突出成就。

主要著作有：《梵语文学史》、《印度文化论集》、《艺术科学丛谈》、《旧学新知集》、《比较文化论集》等。

主要译著有：《高卢日尔曼风俗记》、《我的童年》、《古代印度文艺理论文选》、《印度古诗选》、《通俗天文学》、《梵语文学史》、《流转的星辰》、《甘地论》、《摩诃婆罗多》(与黄宝生、赵国华、席必庄、郭良鋆、葛维钧、李南、段晴共同翻译)等。

此外，还著有诗集《蝙蝠集》、小说集《难忘的影子》、散文集《天竺旧事》、《文化猎疑》、《书城独白》、《无文探隐》、《文化的解说》、《旧学新知集》等。

天文学界的“八大改行”

《八大改行》是传统相声中的名段，讲述在特殊的历史时期，戏曲、曲艺艺人们被迫改行做小买卖的辛酸，听罢让人笑中带泪。

殊不知，在天文学界，也有不少改行之士，不同的是，他们不是由天文学而改行干别的，而是由其他行业进入天文学界的。

或许你会说，哪一行都会有些半路出家的嘛！其成就与科班出身的终究没法比。

如果这么想，可就错了。那位大名鼎鼎的韩文公不是在《师说》中说过吗？“是故弟子不必不如师，师不必贤于弟子，闻道有先后，术业有专攻，如是而已。”

师尚且不必贤于弟子，更何况科班与非科班呢？只要有健全的理性、触类旁通的自学能力，并掌握了必要的基础知识，半路出家的能做到跟科班出身的一样好。

下面我们便从这些改行人士中选出两个佼佼者，说一说他们的故事。

即使没有深入学习天文学的人，也一定知道开普勒这个名字。每一个上过高中的人，都会接触到开普勒三大定律的前两条：每一个行星都沿各自的椭圆轨道环绕太阳，而太阳则处在椭圆的一个焦点中；在相等时间内，太阳和运动着的行星的连线所扫过的面积都是相等的（这一定律实际揭示了行星绕太阳公转的角动量守恒）。

学得再深一些的，还可能接触到第三定律：各个行星绕太阳公转周期的平方和它们的椭圆轨道的半长轴的立方成正比(这是牛顿的万有引力定律的一个重要基础)。

德国天文学家、数学家开普勒(Johannes Kepler)因这三条定律而奠定了其天文学史上不朽的地位,被誉为“天空的立法者”。

然而大家可能不知道,开普勒是位有些极端的毕达哥拉斯主义者,精于公式的推演而拙于实际的观测,用现在的话讲,开普勒是位理论型的学者。这就意味着他的如此伟大的定律一定建基于前人同样伟大的观测之上。而为开普勒提供肩膀的这个巨人,便是第谷·布拉赫(Tycho Brahe)。

第谷,丹麦天文学家。如果用一个词形容第谷的一生,最贴切的或许是“别扭”。

他的第一个别扭是在专业的选择上。出身贵族(第谷之父奥托·布拉赫不是一般的贵族,而是丹麦王室法庭的要员,权倾朝野)的第谷原本遵家人之命被送到哥本哈根大学学习法律和哲学——这两门学科(哲学需要做一下限定,这里特指对主流意识形态的研究)在绝大多数时代都是通向仕途的捷径。第谷家人望子成龙之心可见一斑。然而入学后不久,第谷便因观测了一次日食而对天文学产生了不可遏止的兴趣。

他毅然改学天文学和数学。这两门学科虽然也是显学,但相比法律和哲学,出路终究是要窄一些的。

改行之后,第谷的“别扭”与“尴尬”更是不断。

第谷是当时新兴的哥白尼日心说的坚定的反对者,然而他又不赞同当时来讲居权威地位的托勒玫体系。他在学术思想上不赞同哥白尼的看法,但他的观测结果却为哥白尼体系的发展提供了决定性的依据。他是一位有些保守的贵族,却几乎是第一个用事实反驳了经典的亚里士多德的天空完美不变这一观点的人……

第谷在改行学天文学和数学不久,便凭借自己的财力购置了大量仪器进行天文观测。

早在那个时期,他就发现了土星与木星的运行轨迹与当时流行的星表有出入。这些发现促使第谷更加废寝忘食地观测天体。

1572 年 11 月 11 日,即便是最简明的天文学史也会记录这一天,那天,天空中仙后座的方向出现了一颗之前从未出现的闪亮的星星。这会是一颗新生的星星吗?或是某个有着特殊运动规律的行星在这一时期刚刚运行到能为人们所观察到的轨道上?还是它根本就是大气层内的一种光现象?

在古希腊集大成的学者亚里士多德的体系中,第一种情况是绝对不可能的。天空中不可能有天体消陨,也不可能有新的天体生成,因为天空是完满的属于诸神的世界。而完满,则意味着不应再有任何变化。否则,要么说明现有的完满被破坏了,要么说明之前的情况并不完满,还需要被修正。

第谷对这颗前所未见的星体做了长时间细致的观察,发现它没有一丝一毫的视运动,这说明它绝对不是一颗行星;根据视差运算的结果又说明这颗星离地球的距离极其遥远——不可能是大气层内的光现象。

那颗星真的是一颗恒星,一颗新诞生的恒星!

第谷当时内心的激动是无法言喻的,这里面有发现惊人秘密的狂喜,也有既有的坚固体系出现了裂痕的那种深深的不安。

他将自己的观测记录写成一本小书《论新星》(*De nova stella*),在这本书中,他发明了"nova"(新星)这个词。

《论新星》的出版使第谷在天文学界声名大振。丹麦国王腓特烈二世(Frederick II of Denmark)为了防止这位天文明星前往当时欧洲天王学的中心神圣罗马帝国,拨巨款在厄勒海峡(resund)的汶岛(Ven)上建了一座设备顶尖的天文台。该天文台于 1580 年建成,是为人类历史上第一座近代意义上的天文台。

有道是"君子可欺以其方",腓特烈二世的这次收买人心、防止人才外流的努力算是做到了点子上,做到第谷心坎儿里去了。

第谷在这里一工作就是 20 多年。顶尖的天文观测学者,在顶尖的天文台里,利用顶尖的设备和技术,对当时的天象进行了广泛、系统、精确、细致的观测和记录,达到了那个时代的巅峰水平。

1577 年,第谷通过对当时出现的一颗巨大彗星的观测和计算发现,这颗彗星的距离也远比月亮远,换言之,它不是亚里士多德所说的大气层内的光现象,而且,这颗星的轨道也不是古希腊学者认为的最完美的图形——圆,而是椭圆。

从小就受良好的古典教育的贵族第谷不愿接受这个事实,但事实是最残酷无情的,之前的新星以及这次的彗星表明,古希腊的天文学体系,以及继承这一体系的托勒玫体系存在着巨大的缺陷,已不得不让人怀疑。

当时,哥白尼的日心说已在学界广为流传,第谷深厚的数学功底让他很清楚地知道日心说在数学上的简捷性和兼容性,但他无论如何不愿彻底抛弃托勒玫体系,于是,他提出了一个折中的体系:“只有太阳、月亮以及包括所有恒星在内的第八重天才以地球为中心运行,五颗行星则绕太阳运行。太阳处在它们轨道的中心,它们像陪伴君王那样陪伴太阳做周年运动。”

事实上,第谷的这个折中的体系与哥白尼的体系只存在表述上的区别,其理论模型可以说别无二致。第谷事实上承认了他一直反对的日心说。

1582 年,教皇格列高利十三世(Pope Gregory XIII)根据第谷制作的精确的观测材料重新修订了西方沿用了千年,已经与实际日期差出 10 天的儒略历(Julian calendar),颁行了新的格雷果里历(Gregorian calendar),即今天的公历。

就在这位“别扭大王”的事业总算开始蒸蒸日上,不再别扭的时候,丹麦的新国王又开始找他别扭了。原来,第谷因出身贵族,生就了一身少爷脾气,待人傲慢无礼。

老国王海纳百川,用其大端不计较小节,新国王克里斯蒂安四世(Christian IV of Denmark)可没这么好的修养。他看不惯第谷的居功自傲,决定用停止拨款的方式打压第谷的嚣张气焰,这一来,第谷的观测与研究立马陷入了停顿状态(难怪第谷会有“作为一个成功的科学家必须有娴熟的政治技巧,以获得资助来开展他的工作”的“怪论”)。

一直觊觎这位观测天才,但当年败给丹麦那座汶岛天文台的神圣罗马帝国这会儿抓住了良机。1597 年,神圣罗马帝国皇帝鲁道尔夫二世(Rudolf

II, Holy Roman Emperor)热情要求第谷来德国继续他的研究。走投无路的第谷选择了这个第二次向其抛出橄榄枝的国度,举家迁往神圣罗马帝国所属的布拉格地区,于1598年在那里主持修建了新的天文台,并得到了一位得力助手——开普勒。

1601年10月24日,第谷病危,奄奄一息,在临终前,他反复叨念着一句话:"我多希望我这一生没有虚度!"并将毕生的观测资料悉皆交给开普勒。

之后,便有了这个故事开头的那一幕——历史没有辜负第谷,开普勒的伟大发现证明了:第谷的一生绝对没有虚度。

看完第谷的故事,如果你觉得由法学转行学天文好歹也是学院体系内部的改行(而且有些院校确实将天文学划归文科,费恩曼在为必须选修一门人文类课程而头疼时,惊喜地发现他们学校麻省理工学院的人文类课程中竟然有天文学),那么下面这位的改行改得绝对远——从风琴手到天文学家。

现在,人们都知道太阳系有八大行星(冥王星于2006年被认定为矮行星),可在18世纪80年代之前漫长的岁月里,人们还只知道金木水火土加上地球自己六大行星。直到1781年,赫歇尔发现了天王星,人类才又开始发现新的行星。

弗里德里克·威廉·赫歇尔(Frederick William Herschel)1738年生于神圣罗马帝国的汉诺威(今德国汉诺威),父亲是汉诺威军乐队中的一员,负责吹奏双簧管。赫歇尔很小便子承父业,加入军乐队。

部队的生活是很刻板的,德意志军人尤其以一丝不苟而闻名,赫歇尔越来越觉得自己受不了军旅生涯,萌生了退意。

当时,汉诺威选帝侯乔治一世(George I of Great Britain)由于一系列机缘巧合获得了王位继承权,成为大不列颠王国以及爱尔兰王国的国王(可以近似地看作英国国王)。赫歇尔所在的军乐队经常奉命前往英国演出,赫歇尔在此期间熟练地掌握了英语,于是借机退伍,在英国开始新的生活。

中国人常说遗儿千金不如传一手艺。此话不假。赫歇尔在英国虽然

人生地不熟,但音乐是不分国界的,作为一个好的乐手,赫歇尔的才华很快得到了当地人的承认。

1766年,他移居紧邻牛津的文化名城巴斯(Bath),在著名的八角教堂(Octagon Chapel, Bath)担任首席风琴手。这份工作让赫歇尔获得了丰厚的报酬,以至于他后半生可以衣食无忧地专心自己的研究。此系后话。

1773年,已是闻名遐迩的风琴手的赫歇尔路过一家书店,看到了苏格兰天文学者詹姆士·弗格森(James Ferguson)的一本关于天文学的书,爱不释手。自此,他的人生轨迹彻底改变了。

对天文学产生兴趣的赫歇尔推掉了大部分的演出,用之前攒下的大笔财产购置了一幢适于观测天体的大房子,并花大价钱买了一架望远镜。有了设备的赫歇尔几乎夜夜观测星体,如痴如狂。

一次,他发现星星升起的时间总是比前一天稍晚一点点。

为了解开这个谜,他一连观测10天,每天都做精确的记录,发现这一时间差为3分55秒(就当时的观测条件来讲,已经极其准确了,与现在的测量结果3分55.9095秒相差无几)。

得到这个结果后,他查阅大量书籍,了解到了"恒星日"这一概念,一恒星日为春分点连续两次上中天所经历的时间间隔,为23时56分4.0905秒。

得到这一答案的赫歇尔欣喜若狂,从此便更加迷恋天文。

公允地讲,如果是一个受过专业训练的天文学者,恒星日早应该是烂熟于心的常识了,赫歇尔却为此欣喜若狂。从赫歇尔的例子可以看出,一个彻底的门外汉,经过严密的观察,查阅可靠的资料,通过明晰的思考,同样可以得出专业人士能够得出的答案。

知识不同于武侠小说里秘不外传的秘籍,它向所有人敞开,对任何人都是公平的,只要勤于思考,理性健全,刻苦努力,任何人都可以入其堂奥。

1777年,赫歇尔结识了格林尼治天文台(Royal Observatory, Greenwich)的台长内维尔·马斯基林(Nevil Maskelyne)。这位专业的天文学者对这位虽是半路出家,却有着惊人的热情和自学能力的业余天文爱好者颇为欣赏,教给他许多天文学知识,使赫歇尔受益匪浅。

在接下来的岁月中，赫歇尔又发挥了他在光学和玻璃工艺上的天赋，开始改造望远镜的镜片。

在因为发现天王星而举世闻名之前，赫歇尔在天文学界最大的名气反而是其打磨镜片的手艺。安装有赫歇尔打磨出镜片的望远镜，是当时天文观测的"顶配"。

赫歇尔靠出售这种望远镜而赚得盆满钵满，然而他最大的乐趣还是用自己亲手打造的利器观测更加清晰的夜空。他妹妹卡洛琳·赫歇尔（Karoline Lucretia Herschel）说赫歇尔每日的必修课就是看一大堆天文书，到了晚上就迫不及待地验证书中所写的内容。

1781年3月13日夜，万里无云，赫歇尔一如往常地用他自己的望远镜观察星体，搜寻着夜空中美丽的双星（binary star）。

当他把望远镜对准天顶的金牛座时，发现金牛座附近，有一个绿色的光点，视星等在+6等左右。

这个天体在当时任何一张星表都未曾注明。当赫歇尔换上达倍数更高的目镜对其加以观测时，他惊奇地发现望远镜中出现了这个星体的圆形边缘，这说明它与地球的距离较那些恒星近得多（太阳系外的恒星中即使离地球最近的比邻星也远在4.3光年之遥）——这个天体不是彗星便是环状星云，要么就是行星。

当时赫歇尔并未意识到自己发现了太阳系第七颗行星（人类已经几千年没发现新的行星了，任谁都不会一下子想到这种可能性），而为自己发现了一颗新的彗星或一团新的星云而兴奋不已。

又经过几天的观察，赫歇尔发现这个天体一直在黄道带中运行，因此基本可以排除是环状星云的可能，而认为它是一颗彗星。

他在给英国皇家学会（The Royal Society of London for Improving Natural Knowledge）的报告中这样写道（毕竟不是母语，赫歇尔的这篇报告是略显冗赘的）：

当我首次看到这颗彗星时，采用的光学放大率是227。从经验中我知道，恒星直径不会随光学倍率成比例放大——如行星那样；因此我现在将

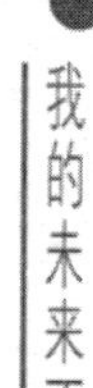

倍率设成460与932，结果发现彗星直径随光学倍率成比例放大，验证了我它应该不是颗恒星的推测。此外，被光学放大的彗星影像在高倍率下变得模糊不清，而根据我几千次的观测经验，我知道在这种情况下恒星是会保留其光泽与清晰的。结果显示我之臆测有充足根据，这是一颗我们最近观测到的彗星。

赫歇尔对这颗“小绿”又进行了一段时期的观察，发现它的轨道与赤道面交角很小。这与彗星的情况截然不同而同行星的情况很像。

难道我真的发现了一颗新的行星？！赫歇尔心中开始有了这种想法，不过这一发现的意义实在太过巨大，以至于他迟迟不敢宣称自己的结论。

天文学界对于这颗星的关注持续升温，一年之后，根据法国大数学家拉普拉斯（Pierre-Simon, marquis de Laplace）以及俄国天文学家安德烈·勒克瑟尔（Anders Johan Lexell）经过一番审慎地计算得出的这颗星的运行轨道，终于证实了这颗绿色星体是土星之外的另一颗行星。

经过一番激烈的讨论，天文学界最终同意柏林天文台台长约翰·波德（Johann Elert Bode）的倡议，决定用希腊神话中的天神乌拉诺斯（Uranus）的名字为其命名，中文译作“天王星”。

马斯基林掩饰不住内心的激动给赫歇尔写了一封信：“音乐界逃了个小卒子，天文学却迈进一大步！”

这就是天王星被发现的历史。请记住：天王星是被一个风琴手发现的。还请记住：知识殿堂的大门对每一个人公正地敞开着。

逐梦箴言

"例如，这里有一个教师，教学生用二除十二得六的算术，试验学生能不能实地运用，可以给学生十二个球，叫学生分成两份……如果能把十二个球等分为各六个，这一课就算教完，学生所学的算法的技巧程度，和教师没有两样，就像天地间又出现了一个教师。"

——福泽谕吉《文明论概略》

知识链接

英国皇家学会

英国皇家学会(The Royal Society of London for Improving Natural Knowledge)，英国最高学术研究机构。1660 年成立。1887 年起分成数理学科和生物学科两类。该会原有图书馆、博物馆、实验室、天文台等，现除保留图书馆外，其他已全部移交给有关机构(如伦敦博物馆和格林尼治天文台等)。英国政府的政要科技措施都交由该会研究作出初步决定，然后由政府作最后决策。刊物有 1665 年出版的《哲学汇刊》(*The Philosophical Transactions of the Royal Society*，分数理学科和生物学科两版)和 1800 年出版的《皇家学会会志》(*Proceedings of the Royal Society*，分数理学科和生物学科两版)，以及《年报》等。

开普勒

开普勒(Johannes Kepler，1571—1630)，德国天文学家、物理学家、数学家。杜宾根大学硕士。曾在奥地利格拉茨新教神学院教授数学和天文学。后应第谷・布拉赫邀请，到布拉格天文台工作，曾观测到一颗超新星，后称"开普勒新星"(Kepler's Supernova，现一般表记为"SN 1604")。在第谷・布

拉赫逝世后总结他的观测资料，发现行星沿椭圆轨道运行，提出行星运动三定律，为牛顿发现万有引力定律打下基础。还改进望远镜，发现大气折射的近似定律。编制有恒星星表等。在数学上，引入无穷大和无穷小的概念，讨论90多种各类体积问题，论述二次曲线的相互转化，阐述判别极大极小值的方法等。著有《新天文学》(New Astronomy)、《宇宙和谐论》(Harmony of the Worlds)、《哥白尼天文学概要》(Epitome of Copernican Astronomy)和《鲁道尔夫星表》等。

《八大改行》

《八大改行》，传统相声段子，钟子良(陈涌泉先生外祖父)初步编写，经众多相声演员加工整理。该段子表现了在特殊的历史时期，戏曲、曲艺艺人们被迫改行的不幸遭遇，讲述了旧社会艺人的酸甜苦辣。所谓"八大改行"，是指：京剧花脸演员金秀山、何桂山卖馄饨、卖西瓜；老生演员刘鸿声、孙菊仙卖馒头、卖豆汁儿、卖硬面饽饽；武生演员李吉瑞、瑞德宝卖包子、拉人力车；青衣演员陈德霖卖鲜花、晚香玉；老旦演员龚云甫卖青菜；莲花落演员抓髻赵卖切糕，梆子老生演员小香水(女)卖酸梅汤；评戏演员白玉霜(女)缝穷；京韵大鼓演员刘宝全卖粳米粥等。

共主联邦

像正文中汉诺威和大不列颠王国、爱尔兰王国，若干个独立的国家共同拥戴同一个元首的情况，我们称之为"共主联邦"(Personal union)，也译作"君合国"、"身合国"或"人和国"。

共主邦联和联邦制国家的不同在于，共主邦联的成员均有各自的政府，维持各自的独立，而且这种关系没有永久性；但联邦制国家在国际上则被视为一个国家，而且通常还有一个强大的中央政府。

由于共和国的元首多由选举产生，因此共主邦联多在君主制国家之间产生。在古代欧洲，多数共主邦联的形成，往往是由于某国君主绝嗣，另一国的君主以他的血缘关系继承某国的王位。有些君主在联姻后，嫁娶一国之君，以兼并更多领土。在议会制兴起后，也有些国家通过立法的手段，成立一个共主

知识链接

邦联,达致两国合并。未经法律手段定义的共主邦联,成员之间保持着很松散的关系,甚至还不及一个国际联盟。政治、法律、人民诉求的差异,如继承律例的不同,往往会导致这种邦联的解散。

进入 20 世纪,君主国的数目已大大减少,共主邦联也越来越少见。

现存最大的共主邦联为英联邦。

智慧心语

自其异者视之，肝胆楚越也；自其同者视之，万物皆一也。

——（战国）庄子《庄子·德充符》

读书，始读，未知有疑；其次，则渐渐有疑；中则节节是疑。过了这一番，疑渐渐释，以至融会贯通，都无所疑，方始是学。

——（南宋）朱熹

独创有两方面：一是形式的新颖，一是个人人格的化入。

——金克木

应当打开禁区，只要有益于我们吸收文化营养，有助于实现四化的图书，不管是中国的，外国的，古代的，现代的，都应当解放出来，让它在实践中经受检验。

——李洪林《读书无禁区》

数学对观察自然做出了重要的贡献，它解释了规律结构中简单的原始元素，而天体就是用这些原始元素建立起来的。

——[德]开普勒

第六章

“独执偏见，一意孤行”

导读

“独执偏见，一意孤行”是近代赫赫有名的大画家徐悲鸿一句自勉的话。刑法学者郑成良提出过“偏激的深刻”，其意与此相仿，但徐老这句语感上更好，故选作标题。这个标题打引号，一是表示引用，二也表示并不是真的鼓励人们“偏执”。的确，学者有时会给人一种很固执的印象，但那与一般人的顽固不化、自我中心截然不同。学者往往由于更广的视野和更深的哲思，或者对某一领域远超常人的深入研究，而生出与众不同，“奇奇怪怪”之看法。其体现出来的，是一种可贵的怀疑精神。如果你也不幸因为上述的理由而不被周遭理解，那么请坚持到底——只要你是对的。

在众声喧哗中扛起经典的大旗

不知您是否关注20世纪至今的文艺理论和文艺批评。可以说，在当今学术界，再也没有哪个界别像文艺理论和文艺批评界那样流派纷呈、日新月异的了。

果戈理有篇小说叫《罗马》，说一位罗马的青年来到巴黎，发现这里每天都有人公开辩论，每天都有笔下的交锋见诸报端。恰能用来形容这一界别的情形。

这边唯美主义（Aestheticism）、象征主义（Symbolism）、神话原型批评（Archetypal literary criticism）、俄国形式主义（Russian formalism）、现象学（Phenomenology）文艺理论、存在主义（Existentialism）文艺理论、结构主义（Structuralism）文艺理论还在群雄逐鹿，那边多元文化主义（Multiculturalism）文艺理论、新历史主义（New Historicism）批评、符号学（Semiotics）文艺理论、女性主义（Feminism）文艺理论和后殖民主义（Postcolonialism）文艺理论又异军突起，真真一个没有硝烟的五胡十六国。

这些时髦的理论千奇百怪，各领风骚，但呈现出一种总体的趋势——从以审美为中心到消解文学性、审美性在评价一部作品时所占的分量。

尤其是后面列出的几种：多元文化主义文艺理论，关注的是作品对主流文化是否能构成一种冲击；新历史主义批评，认为文本本身没有太大的价值，其价值体现在虚构元素中所表现的社会法则和历史语境；符号学文艺理论更是玄乎，将文本理解为能指（signifiant，瑞士语言学家索绪尔在其

语言学体系中强调的一个概念，指语言符号的“音响形象”）的集合而非所指（signifié，同上，指语言符号所指的语义内容，即“概念”）的集合，解读文本就是能指的网络中恣意游戏；女性主义文艺理论和后殖民主义文艺理论最为时髦与流行，如果说其他文艺理论学院派的味道还是有点儿太浓，这两种理论则直指社会现实，将文本解读为宗主国、男性的傲慢或殖民地、女性的反抗，致力于挑战既有的霸权，颠覆现有的性别的、文化的、种族的等级秩序，因而获得了无数拥趸（这些拥护者有些甚至并非文学爱好者）……

在这样一个大的环境下，学院里对文学的讨论几乎已看不到文学的影子，一首诗不再仅仅是一首诗，甚至干脆不是一首诗，而是一篇社会学、历史学的文献；一个剧本是一个精神分析的案例；一部小说是某种地域文化在呼吁它的地位；但丁、莎士比亚、歌德这些光辉的名字，这些创作出不朽经典的作家，通通被归入“DWEM”（Dead White European Man，已死的白种欧洲男人）而遭到来自女权主义、后殖民主义的猛烈批判。

一个大学里的文学教师，如果不加入上述某个时髦派别中的一个，不拥抱这股理论热的大潮，简直寸步难行。

但就有这么一个特立独行的人，独守审美的阵地，在反经典的狂风骤雨中扛起经典的大旗，这个人就是为西方文学道统正名，孤军奋战的骑士——哈罗德·布鲁姆（Harold Bloom）。

哈罗德·布鲁姆，1930年生于美国纽约，其父来自今天乌克兰的敖德萨，其母来自今天白俄罗斯的布列斯特，都是犹太人。

布鲁姆从小接受的是意第绪语和希伯来语教育，7岁时，他开始依靠字典和文学读物自学英语，以至于现在他的英语还有他“自己独特的腔调”。

有人说3岁看大，7岁看老。这句话用在布鲁姆身上再合适不过。7岁那年，除了开始自学英语，小布鲁姆还做了一件事，这件事奠定了他一生对文学经典深深的感情，某种意义上讲，说是他日后学术生涯的起点，亦不为过。

7岁那年，布鲁姆缠着他的两个姐姐，让当时已经领有借书证的她们带他去图书馆。所谓“谢公最小偏怜女”，家中最小的布鲁姆不但受父母的“偏怜”，姐姐们也对他呵护有加，于是便带他去了布朗克斯（Bronx）图书馆

麦尔罗斯分部。

这一去，布鲁姆就爱上了那里，就这样，布鲁姆的两个姐姐开始了天天带弟弟去图书馆的生活。

已到从心所欲不逾矩的年纪的布鲁姆，仍对那段日子念念不忘：“我对布朗克斯公共图书馆麦尔罗斯分部记忆犹新的是，那些藏书的核心部分都是基于审美和认知的考虑而遴选的。”

在那里，小布鲁姆第一次接触到了哈特·克莱恩（Harold Hart Crane，美国20世纪初期最有影响力的诗人之一）、华莱士·斯蒂文斯（Wallace Stevens，20世纪美国诗人）、威廉·巴特勒·叶芝（William Butler Yeats，19、20世纪爱尔兰诗人、剧作家、批评家，相信不用过多介绍，那首《当你老了》便是叶芝的名片）、威廉·布莱克（William Blake，18、19世纪英国诗人），以及雪莱（Percy Bysshe Shelley，19世纪英国浪漫主义诗人，《西风颂》的作者）和济慈（John Keats，19世纪英国诗人）。

那时那里的书借期是两周，并可续借一次。每当四周后还书和借书的日子临近，小布鲁姆便深深地焦虑，眼睛死死盯着书架上他喜爱的那些书，生怕被他人借走。

应该说在20世纪三四十年代的美国，确实如布鲁姆所言，文章开头提出的那些文艺理论还没有很深地渗透到学界和公众，针对文学作品的文本进行细读（close reading），对其进行修辞分析和结构分析的所谓“新批评”（New Criticism）的思潮是当时的主流。

布鲁姆在这种思潮下成长——尽管长大后的布鲁姆对新批评中某些泛道德倾向以及过于保守和绝对化的形式主义色彩也有一针见血的批判。但毕竟，对文本本身的看重这一迥异于“憎恨学派”的特质点还是给了布鲁姆极大的影响，奠定了其一生学术的底色。

1947年，当时便已博览群书的布鲁姆（看一看布鲁姆列的书单，你会惊讶他怎么看过这么多书！）以优异的成绩考入康奈尔大学，获得了浪漫主义（Romanticism）研究方面的权威M.H.艾布拉姆斯（Meyer Howard Abrams，那本杰出的《镜与灯：浪漫主义文论及批评传统》的作者）的悉心指导。

经过数年的苦学，布鲁姆最终在耶鲁大学获得了他的哲学博士学位(Ph.D.)并留校任教。

布鲁姆在耶鲁大学教两门课，一门是莎士比亚戏剧，另一门是自乔叟(Geoffrey Chaucer，14世纪英国诗人，《坎特伯雷故事》的作者，对英国民族语言的形成有莫大影响)至哈特·克莱恩的诗歌。

当时，新批评的传统已有日薄西山之势，各种新的思潮、方法对学院内外的冲击愈演愈烈，对文学的外部研究(对作者的生平、作品的文化意义、政治意义、历史意义的研究)逐渐压倒了文学的内部研究，成为文学理论和文学批评界的绝对主流，呈现出一边倒的局面。

布鲁姆的很多同行在新理论大潮前望风披靡，或真心拜服，或为了不成为学界的少数派，纷纷“倒戈”。布鲁姆却丝毫不为所动，继续潜心于他对文学经典、对审美元素的研究，并着手著书立说。

然而树欲静而风不止，当有学生在他的莎士比亚戏剧课上公然站出来质问布鲁姆——我们为什么要对“DWEM”的书顶礼膜拜？并声称这是一种欧洲中心论的余毒；当他的同事对他言之凿凿地说“不抱有建设性的社会目的去读书是不道德的！”“你再不进行‘再教育’就彻底落伍了！”“最好是读一下阿卜杜拉·贾恩·马哈茂德的作品，此人是英国伯明翰文化唯物主义学派的代表人物。”“你不要再一天到晚把什么‘经典’、‘精英’放在嘴边了，你知道这些词在现在的学生那里都是禁物”时，布鲁姆意识到，仅仅独善其身是不够的，人们的阅读趣味已被那些新潮文化理论(布鲁姆不认为那些是文学理论)搞得七荤八素了。

他必须像堂吉诃德那样，做这个时代落伍但尚武精神的游侠骑士；他必须像莎士比亚笔下的哈姆雷特一样，“负起重整乾坤的责任！”

布鲁姆先给自己的对手起了个总括性的名字——“憎恨学派”(school of resentment)，包括女性主义批评、新马克思主义批评、拉康的心理分析(Psychoanalysis)、新历史主义批评、解构主义(Deconstruction)及符号学等。其共同特征是“希望为了实行所谓的(并不存在的)社会变革而颠覆现存的经典”。

给对手定了名后，他开始全面地总结自己对文学的思考，准备给自己的对手以有力的回击。

1973 年，布鲁姆发表了他的第一部具有广泛影响的著作（布鲁姆著作等身，在此之前也有不少作品问世，但多是文学批评领域的专论，受众面有限）——《影响的焦虑：一种诗歌理论》（*The Anxiety of Influence: A Theory of Poetry*）。

题目中虽有“一种诗歌理论”的字样，但其内容绝不局限于此，而是详细地阐述了布鲁姆对文学，对文学批评的很多根本性的看法。

该书开宗明义，直言不讳地提出了“审美自主性”（aesthetic autonomy）这一原则，强调“审美只是个人的而非社会的关切。……文学批评作为一门艺术，却总是并仍将是一种精英现象。……只有审美的力量才能透入经典，而这力量又主要是一种混合力：娴熟的形象语言、原创性、认知能力、知识以及丰富的词汇。”

“只是……而非……”没有留一点余地给他的对手；“精英”，对于“憎恨学派”来讲，是多么扎眼的字眼儿；“原创性……丰富的词汇”这些涉及审美感受和语言特征的因素，已经在学院里沉寂很多年了。

此书一出，顿时引起学界一片哗然。布鲁姆此举，等于以一己之力同时向数个学派宣战，遭受到的批判和反击是可想而知的。“保守顽固的精英主义者”、“政治不正确”等大帽子纷纷向布鲁姆扣来。

如果说之前在“憎恨学派”当中还存在着相当一部分调和论的声音，认为审美性的批评和文化、政治性的批评可以共存，一部作品既是文学活动的产物，同时也是某种意义上的历史或社会学性质的文献，那么，现在，由于论争的不断升级，这种声音越来越少了，各学派的观点变得更为坚固、偏激，越发地强调自己在道德上的正义性。

针对这些，布鲁姆做了不失幽默，但显然会为他更多树敌的回应：

为什么恰恰是文学研究者变成了业余的社会政治家、半吊子的社会学家、不胜任的人类学家、平庸的哲学家以及武断的文化史家呢？这虽是一大谜团，却也并非完全不可思议。他们憎恨文学或为之羞愧，或者只是不

喜欢阅读文学作品。阅读一首诗、一篇小说或一出莎氏悲剧对他们而言无非语境分析练习，但不是在寻找充分的背景材料这一唯一合理的意义上。

人们尽力表示敬意的“理想主义”正是当今学院里的风气，在保持社会和谐与矫正历史不公的名义下，所有的美学标准和多数知识标准都被抛弃了。

或者是美学价值，或者是种族、阶级异己性别的多重决定。你必须选择，因为如果你确信所有属于诗、戏剧或小说与股市的价值只服务于统治阶级的神话，那么，你为什么要读这些作品而不去为那些受剥削阶级的迫切要求服务呢？阅读受侮辱和受损害作家的作品而不是莎士比亚就会帮助那些与他们有相同经历的人，这一思想是我们学院派提出的最奇怪的谬见之一。

只破不立，于事无补。布鲁姆深知这一点。因此，他要奉上审美一系最精妙的文学理论和文学批评，才能真正让对手、让公众心服口服。

于是，他几乎是马不停蹄地，在2年之后又完成了他的第二部大部头的作品《误读之图》（*A Map of Misreading*）。在这本书中，布鲁姆深化了在《影响的焦虑：一种诗歌理论》提出的所谓“影响的焦虑”这一观点——即任何作家都会受到他（她）之前名家名作的影响，并对无法超越这些经典产生焦虑，进而使这些后来者忽略了自身的特质和原创性，陷入前人窠臼之中。能否摆脱之前大师的创作模式，以自己的审美原创性解放自己的创造力，是鉴别平庸作家和杰出作家的试金石。

“影响的焦虑”实际上是在探讨艺术领域里继承和独创的关系，其核心是作家如何避免因循文学传统而又不失“崇高”的美学价值——更进一步地提出了所谓“内在互文性”（intratextuality），并调动自己渊博的学识，列举一个个精辟而具有说服力的例证，如在斯蒂文斯的发现了济慈的《希腊古瓮颂》的陌生化表现，来证明人们互相阅读文本并互相受影响的过程，并提示人们在阐释一个文本的同时还应阅读与之关联的文本。

对经典作品（尤其是诗歌）一系列新颖、有说服力而又富有诗意的解读，让布鲁姆在那个文化研究大行其道的时代居然逐渐获得了相当的认可，很

多学生在读过布鲁姆的上述两部作品后，寻到了久违的那种叫做“美”的事物，那个叫做“文学”的世界。

如同果戈理《罗马》中的那个青年，一开始到巴黎觉得每天都有新的思想问世是一种让他无比艳羡的活力，当他看尽了这种浮华之后，重新回到罗马，才从那些他过去认为是一成不变的毫无惊喜的世界中体味到了永恒的厚重。

布鲁姆的努力，让学院里的那股理论热有所退潮，让一部分学生实现了阅读上的回归。

时间进入20世纪八九十年代，布鲁姆敏锐地发现：在当时那个时代，对人们的阅读体验造成冲击，污染人们审美趣味的已经不仅仅是那些来自学院派的“雅”的理论，还有那些来自文化工业的“俗”的文化产品——好莱坞大片、动辄几百集的肥皂剧、毫无营养的通俗小说、用来消遣的心灵鸡汤……今后的论争，将同时在两条战线上作战。

对于流行文化的批判，布鲁姆同样毫不留情。

在“哈利·波特”系列大火特火的时期，很多文学批评界的人士通过关注、评述这一系列的作品而名利双收。布鲁姆却如同对待“憎恨学派”一样，用毫无余地的话评价说《哈利·波特》的流行和斯蒂芬·金获得美国全国图书奖是当今“英语界和西方文化界里发生的最为可怕的一件事”。自然又招来不少诸如“落伍者”的指责。

当战线扩大到两条时，布鲁姆意识到必须写一本受众面更广，涉及的内容更全面的著作，让这本著作告诉公众经典的价值所在。

于是，他在1994年完成了那部《西方正典：伟大作家和不朽作品》(*The Western Canon: The Books and School of the Ages*)，这部书之于布鲁姆，也当得起“不朽”二字。

该书选取以莎士比亚为中心的26位伟大作家，介绍他们的作品以及这些作品的读法，告诉人们“莎士比亚或塞万提斯，荷马或但丁，乔叟或拉伯雷，阅读他们作品的真正作用是增进内在自我的成长。深入研读经典不会使人变好或变坏，也不会使公民变得更有用或更有害。心灵的自我对话

本质上不是一种社会现实。西方经典的全部意义在于使人善用自己的孤独，这一孤独的最终形式是一个人和自己死亡的相遇。”

书中融合了布鲁姆对学识的热爱和对审美的不可遏制的激情，引领读者重拾西方文学传统所给予人们的阅读之美感，阅读之愉悦。

谁都不会想到，这本厚达 500 多页，又是“逆潮流而动”的大书在美国内外获得了空前的轰动和好评。

《西方正典：伟大作家和不朽作品》的诞生，标志着布鲁姆特立独行的抗争取得了阶段性的胜利。然而“憎恨学派”的影响已深入文化界的骨髓（布鲁姆 1995 年在“政治正确”的斯坦福大学的一次演讲竟然引起了反对者一阵小规模骚动）；文化工业的大潮则一浪高过一浪，以排山倒海、摧枯拉朽之势占据公众的文化空间，文学大有被边缘化的趋势。如此，布鲁姆孤军奋战，以一敌众的处境并没有根本的转变。

为了进一步在全社会唤起经典的价值，布鲁姆将姿态放得更低，于 2000 年出版了一本普及类的著作——《如何读，为什么读》（*How to Read and Why*），分门别类地向公众推荐值得一读的精品，向公众介绍自己在文学阅读时采用的独特的四原则：清除你头脑中的虚伪套话；不要通过你读什么或如何读来改善你的邻居或你的街坊；一个学者是一根蜡烛，所有人的爱和愿望会点燃他；要善于读书，我们必须成为一个发明者。以他渊博的学识和斐然的文采，以及个体生命经验的体悟，让经典复活。

2004 年，译林出版社引进出版了《西方正典：伟大作家和不朽作品》的中文版。在现在的中国，这本书已经成为推荐所有学习外国文学的学者、学生都来一读的“奇书”。

一度夺人眼球的众多理论纷纷退热，当年的五光十色变成今日的斑驳陆离，经典那如玉的内敛的辉光，重又被人们发掘、珍惜。

生命不息，斗争不止。2011 年，81 岁高龄的布鲁姆又写就了《影响的剖析——文学之为一种生涯》（*The Anatomy of Influence: Literature as a Way of Life*）。“文学之为一种生涯”，我想这句话放在为经典抗争到底的哈罗德·布鲁姆身上，是丝毫不为过的吧。

逐梦箴言

“你可以无止境地梦想以种族中心和性别的考虑来取代审美标准，你的社会目的也许确实令人赞赏，但正如尼采恒久地证明的，只有强力才能与强力般配。”

——哈罗德·布鲁姆《西方正典：伟大作家和不朽作品》

知识链接

《西方正典：伟大作家和不朽作品》

该书研究了西方文学史上自但丁和莎士比亚以来的 26 名文学巨匠的作品，向人们展示了西方文学史的“经典”脉络。布鲁姆借鉴了意大利文艺理论家维柯（Giovanni Battista Vico，1668~1744）的历史分期观，将西方文学史分为“神权时代”、“贵族时代”、“民主时代”和当今所谓的“混乱时代”，在此结构上对西方文学经典作品进行了比较研究和深刻评价，强调了西方文学经典的原创性和审美性。布鲁姆认为，从但丁的《神曲》到贝克特的《终局》这一文学历史进程是从陌生性到陌生性的连续发展过程，这种陌生性是一种无法习得的审美原创性，只在少数天才作家身上才能产生，而只有莎士比亚等人才能把人情风俗的“陌生化”推向经典的高度。布鲁姆重申文学审美功能并主张深化文学经典的研究，尤其是对作品本身语言风格的阐释等，这为当代文学批评带来了多样化的视野和研究方法。该书最后还附有一个包括 1 200 余名世界各国文学经典作家和作品的目录。

新批评派

英、美文学批评流派之一。作为一种文本中心主义的批评理论，出现于 20 世纪 20 年代，诗人艾略特（Thomas Stearns Eliot，1888—1965）及批评家理查兹（Ivor Armstrong Richards，

知识链接

1893—1979）等对这一理论的形成有较大影响。1941年因美国批评家同时也是诗人的兰塞姆（John Crowe Ransom，1888—1974）的著作《新批评》（The New Criticism）而得名。主张对文学作品进行“细读”的“本体批评”，认为文艺作品，特别是诗歌，是一个整体，不可任意诠释；要求文学批评避免“意图谬见”（Intentional Fallacy）和“感受谬见”（Affective Fallacy），不赞成以作家的生平、思想和作品的影响作为研究作品的基本依据。提出对作品进行“复义”、“悖论”、“反讽”、“张力”等文学修辞分析和结构分析，反对“外批评”，提倡“内批评”和形式至上。这种观点在英、美大学文学教学中有重要地位，但其影响自20世纪60年代起逐渐减弱。代表人物有布鲁克斯（Cleanth Brooks，1906—1994）、沃伦（Robert Penn Warren，1905—1989）和塔特（John Orley Allen Tate，1899—1979）等。

■ 从一封公开信说开去

人与人在身体上是千差万别的。既有菲尔普斯那样的"飞鱼"，也有压根儿就不会水的旱鸭子；有古稀之年而矍铄者，也有病怏怏的年轻人。

而我要说的是，人与人在精神上的差别百倍于此。身体尚且有其物理的极限，精神是没有的。有人博览群书，精骛八极，心游万仞；有人饱食终日，甚至大字不识。虽然怎样都不妨碍活着，但二者在精神上的差距，何啻霄壤。学者相对于非学者的一大特点就是学者必须将读书作为自己的生涯，且有些从事专业领域研究的学者读的书可能更是常人根本就无从触及的。如果说非学者的观点、理念主要来自生活的历练和普及性质的教育，那么学者的观点、理念更多地来自书籍。

生活的大环境和普及性的教育，每个人都差不多，因此容易达成共识；而人类自有文字以来留下的书籍，浩如烟海，生命的任何一种可能性，都可能在人类已有的书中有所探索，因此，经由阅读形成的思想很可能是小众的，特异的。

在中国，加之有以竹林七贤为代表的魏晋传统，学者，或者说知识分子，更多了几分放浪和不羁，因而有时更显怪异。

下面从一封公开信说起，讲些学者的与众不同、独执偏见的逸事。这些逸事固可当做茶余饭后的谈资，也可从小处见大——其实，人和人内心的世界是很不一样的，对一切事，我们都当公允、扬弃地看。

先要交代一下历史背景，这样更能凸显这封公开信的"不可理喻"。

时间是在1915年，日本新任驻华公使日置益将一份绝密外交文件交给了时任中华民国大总统的袁世凯。这份文件的内容分五号，二十一条：

第一号，共有四条：其中要求中国承认，把德国在山东的一切特权，移交日本，并另加其他路矿权利；

第二号，共有七条：其中要求中国承认，日本在南满和东内蒙的一切路矿和无限制移民等既有特权，不许列强介入，并延长旅顺、大连租期为99年；

……

不用再往下列举，你一定已经知道了，这便是恶名昭彰的"灭亡中国的二十一条"。中华民国政府一旦答应，中国就会变成当时第二个印度。

有鉴于此，外交秘书顾维钧孤身犯险，将这封秘密文件泄露给英、美，寻求国际舆论支持以救亡图存。不出半个月，"二十一条"已经成为纽约、伦敦各大媒体的头版头条了。

消息一出，在英、美留学的学生哪里还坐得住——应了郭沫若写给郁达夫的那句诗"那堪国破又家亡"，一时群情激奋，纷纷要求对日宣战，更有甚者，打算中止学业，回国参战。

相信换做你我，在那个时代，那个环境，也会有相同的热血、一样的情怀。但有位学者偏偏站出来，在这个国难当头的场合泼大家冷水。这个人就是胡适。

胡适当时在康奈尔大学读书，他看了3月份的《留美学生月报》里面一些慷慨激昂的言论以后，彻夜不能成眠，遂于孤灯之下一气呵成写了一篇《莫让爱国冲昏头：告中国同学书》(*A Plea for Patriotic Sanity:An Open Letter to All Chinese Students*)。

在这封公开信中，胡适劝告那些激昂的学生(包括一些老师)"我以至诚和至爱中国之心告诉大家——说要打没错，但如果打的结果除了毁灭、毁灭，还是毁灭，此外什么都得不到的话，那这种说法就是纯然的愚蠢。"

针对当时学生纷纷拿比利时(在一战中以绝对劣势依然奋勇抗击德军进攻)说事，胡适予以了尖锐的反驳：

大家都在说比利时——喔，那勇敢的比利时！亲爱的弟兄们，我要披肝沥胆地向大家说：只手挽狂澜，算不得勇敢；以卵击石，也不算英雄。而且，比利时完全没想到他们会被彻底击败。大家只要读了比利时的查理·沙罗利（Charles Sarolea）博士所著的《比利时如何救了欧洲》（*How Belgium Saved Europe*），就可以知道比利时以为会得到英国和法国的援助与支持。同时，他们对号称是世界上最坚固的堡垒的列日（Liege）和安特卫普（Antwerp）充满自信。所以，比利时用整个国家的命运，去换那英勇国家的“荣耀”！那算是真正的勇气吗？那算是真正的英雄气概吗？弟兄们，且看比利时，且看今天的比利时！为这种英勇的“荣耀”而牺牲，值得吗？我并不是在责难比利时人。我只是要指出比利时不值得我们仿效。任何要中国去蹈比利时覆辙的人，都是中华民族的罪人。

最后，胡适给大家的建议是calm down（淡定）：“让我们先克尽己责，那就是求学。我们不要被新闻报道的鼎鼎沸沸冲昏了头，而忘却了我们严肃的使命。我们必须要严肃、心如止水、坚定不移地求学。我们必须要卧薪尝胆，以求振兴祖国——如果它能安然渡过这个危机的话。当然，我深信它一定能够；而即令祖国这次不幸而覆亡，我们也要让它从死里复活！”

自此，胡适在留美学生中得了个“不抵抗主义的亲日分子”的恶名。

对这封公开信，以及由这封公开信引起的是是非非，笔者不做评论，各人有各人的看法，之所以大段摘录胡适的原话，是为给读者尽量客观的素材，供大家参考。

说完胡适的公开信，再来说说辜鸿铭的辫子。看了大片《建党伟业》的人，大概都会对一个反潮流而动的滑稽另类记忆犹新。

北大图书馆里，学生如堵。这边是西装革履的陈独秀、一身正气的李大钊、温文尔雅的胡适，偏偏那边上来一个留大辫子穿着长袍马褂戴个师爷帽的不知从哪儿冒出来的“古董”。

这“古董”便是学者辜鸿铭。被北大聘为英语教师，外语极佳，据说曾倒读英文报纸，令英国人都叹为观止。

这么一个洋派的人物，却拖着曾是汉人耻辱标记的辫子，让人不解，让

人哄笑。

面对学生们的嘲讽，辜鸿铭依旧泰然自若，只淡淡地说："诸位，我头上的辫子是有形的，你们心中的辫子却是无形的。"一时全场哑然无声。

心中的辫子是什么呢？结合历史，或许每个人都会有自己的答案。总之，圣雄甘地（Mohandas Karamchand Gandhi）早就总结过"毁灭人类的七宗罪"，其中就有"没有牺牲的崇拜"——任何思想，都应是一种严肃的事物，是高度内在的理解和认同，不是换换衣帽就叫革命，不是改个发型就是叛逆。

下面说一则外国的。2012年10月11日19时，莫言因其"用魔幻现实主义将民间故事、历史和现代融为一体"获2012年诺贝尔文学奖，莫言先生的书，几乎在一夜之间便洛阳纸贵。诺奖的影响力和魅力，可见一斑。

然而在半个世纪前，却有一个人，拒绝了送到手边的诺贝尔文学奖。他便是法国存在主义哲学家萨特（Jean-Paul Charles Aymard Sartre）。1964年10月22日，瑞典学院"因为他那思想丰富、充满自由气息和探求真理精神的作品对我们时代发生了深远影响"决定将当年的诺贝尔文学奖授予萨特。

在这之前，就有媒体预测萨特会获得诺奖，所以这个消息大概没有莫言得奖那么出人意料。记者们正发愁没什么新闻点可抓时，传来一个爆炸性新闻——萨特拒绝接受诺贝尔奖！

他的理由是："任何来自官方的荣誉我都不接受，我只接受没有限制的自由。"

类似的逸事还有很多，古代有，现代有，当代也有。前不久，经济学者茅于轼赞成提高学费、以防富人搭便车，性学研究者李银河对于性解放的一些看法还遭到了媒体、公众的猛烈抨击……化用陈寅恪先生一句话："知我罪我，请俟反思"。看罢本文，如果我们能在看问题时多一种角度，这篇小文便没有白写。

逐梦箴言

我绝不妥协！当我知道真理站在自己身边的时候。

知识链接

萨特

萨特（Jean-Paul Charles Aymard Sartre，1905—1980），法国作家、哲学家，存在主义主要代表之一。巴黎高等师范学校（école Normale Supérieure）哲学博士。曾去德国留学。第二次世界大战期间参加过抵抗运动。创办《现代》杂志，并担任《人民事业报》社长、《革命》月刊主编、欧洲作家联盟主席、世界和平理事会理事。获 1964 年诺贝尔文学奖，但决绝接受。1971 年在巴黎组织解放通讯社。在哲学上，主张将存在分为自在存在与自为存在，前者为意识之外的存在，后者为意识的存在，意识的存在为一切存在的意义和基础。人的存在特征是存在先于本质，即人先存在，然后取得其本质，取得本质的过程即计划和意向的过程，人在这个过程中发挥其自由。提出以人的自由来补充马克思主义在这一方面的缺少，因而被称为存在主义的马克思主义。他以小说和戏剧表达其存在主义思想。主要作品有《存在与虚无》（*Being and Nothingness*）、《辩证理性批判》（*Critique of Dialectical Reason*）和剧本《苍蝇》（*The Flies*）、《隔离》（*No Exit*），小说《呕吐》（*Nausea*）等。

圣雄甘地的“毁灭人类的七宗罪”

没有原则的政治、没有牺牲的崇拜、没有人性的科学、没有道德的商业、没有是非的知识、没有良知的快乐、没有劳动的富裕。

知识链接

胡適

胡適(1891—1962)现代学者。原名洪骍,字適之,安徽绩溪人。早年接触新学,信奉进化论。1910 年赴美国,就读于康奈尔大学和哥伦比亚大学,从学于实用主义哲学家杜威(John Dewey,1859—1952)。1917 年初在《新青年》上发表《文学改良刍议》,提倡白话文,主张文学革命。同年 7 月回国,任北京大学教授。参加编辑《新青年》,发表新诗集《尝试集》,成为新文化运动的著名人物。提出"多研究些问题,少谈些'主义'",倡导"大胆假设,小心求证"的研究方法,影响颇大。1922 年创办《努力周报》,宣传"好人政府",主张组织"宪政的政府",实行"有计划的政治"。1925 年参加段祺瑞策划的善后会议。1928 年后,发动人权运动,反对国民党实行独裁与文化专制主义,倡导自由主义。1938 年任驻美大使,代表国民政府签订了《中美互助条约》。1939 年获得诺贝尔文学奖的提名。1942 年任行政院最高政治顾问。1946 年任北京大学校长。后任国民大会主席,领衔提出《戡乱条例》。1948 年去美国,后去台湾。著有《中国哲学史大纲》(上卷)、《白话文学史》(上卷)、《胡適》等。

智慧心语

虽千万人吾往矣。

——（战国）孟子《孟子·公孙丑上》

天变不足畏，祖宗不足法，人言不足恤。

——（北宋）王安石

一个常态国家，政治的责任在成年人，年轻人的兴趣都在体育，娱乐，结交异性朋友；而在变态的国家，政治太腐败，没有代表民意的机关存在，那么干涉政治的责任必定落在青年学生身上。

——胡適

我在世上时，是世上之光。

——[美]海明威

经由阅读而面对伟大是一种私密而费时的过程，也无法融入批评的时尚。现在它比以往任何时候都过时，因为对自由和孤独的诉求被诋毁为政治不正确、自私、不适合我们这个痛苦的社会。

——[美]哈罗德·布鲁姆《西方正典：伟大作家和不朽作品》

由于纳粹的毒液渗进我们的脑海，所以每一个精确的思想都是一次征服。正因为强大的警察当局试图强迫我们保持缄默，所以我们说出的每个字都具有原则宣言的价值。也正因为我们被追捕，所以我们的每一个姿态都具有庄严承诺的分量。

——[法]萨特《沉默的共和国》

第七章

救世情怀

导读

中国人民大学的学者刘小枫有本《拯救与逍遥》,讲中西思想、文化的差异和相互理解之道。今借刘先生书名一用。学者有一意孤行、魏晋风骨的一面,这是逍遥、高蹈的一面;与此同时,学者也有先天下之忧而忧,后天下之乐而乐的一面,这便是拯救的情怀。留美文学评论家夏志清认为中国作家普遍具有"感时忧国"的特点,事实上,自孔孟以来,中国的知识分子便以经世致用为学问的终极目的。钱穆先生更是将中国上下几千年的历史发展的线索归结为知识分子在国家生活中地位的变化。学者,不是拉普他飞艇上的富贵闲人,而是如印度教中的女神查姆达(Chamunda),深深地扎根大地,感受众生的痛苦。"他诚然担当我们的忧患,背负我们的痛苦。"(《圣经·以赛亚书》)。

这个世界会好吗?

胡适的标准照,头略往右偏,紧抿嘴唇,未笑而似笑。钱锺书的标准照,挂着睿智而洒脱的微笑,似在颔首。横眉冷对千夫指的鲁迅先生,也有手持烟卷,抬头浅笑的照片。而有一个人,无论年少青葱还是耄耋之年的照片,无不撅起嘴角,目光如炬,似乎总在向世界控诉着什么,质问着什么。这个人便是有“最后的儒家”之称的梁漱溟。

在讲这位大儒的事迹之前,有必要先来谈谈他的父亲(事实上这篇文章的主角是父子两人)。

中国经历过南北朝,学问的传承由依靠学校转而依靠世家。因此中国学人很强调“家学渊源”。若论梁漱溟的家学渊源,比起钱基博之于钱锺书,陈三立之于陈寅恪,似略显不如,其父梁巨川并非一流学者(然亦读书人)。但梁父的侠骨丹心、一身正气、忧国忧民,则毫无保留地传予了梁漱溟。

梁漱溟的父亲名济,字巨川,一字行。出身于仕宦之家,但 7 岁便失去了父亲,只能靠母亲开蒙馆教几个小学生勉强维持生计。27 岁中举,到一清水衙门,任四品的内阁中书,在“皇史宬”抄国家历史档案,之后提升为内阁侍读。

四品的官阶按理也不算低,但梁巨川天生刚正不阿,对官场那一套欺下媚上、勾搭连环、巧取豪夺的手段不屑一顾,只拿并不能算很多的俸禄,靠为人写禀帖、对联赚一些外快,生活条件虽比童年好些,但也绝算不上宽裕。梁漱溟兄妹四人的教育费,常常要靠变卖母亲妆奁得来。

家境如此，作为一家之主怎么也该挑起大梁，想办法改善一下吧？可梁巨川对家事毫不介意，将精力、财力都放到了国事上。

他和挚友彭翼仲痛感于社会的极端腐败、民智不开，经历了义和拳运动后，更是亲见了国民的愚昧和迷信，于是决心起而行动。

从1902年起，彭翼仲先后创办了《启蒙画报》、《京话日报》、《中华报》，但由于风气未开，社会一般人都没有看报习惯，即使将价格压到极低，仍旧少有人问津。彭翼仲因此负债累累。

梁巨川则鼎力相助，将一家的财物变卖换成钱帮朋友渡过难关——"前后千余金，大半出于典质"，希望他们的启迪民智的事业能够继续下去。

梁巨川常说："以财助报馆譬犹拯灾救难！"并从一开始就抱定了"亏失不还亦所心甘"的信念。

砸锅卖铁办报和在官场的两袖清风让他得了一个"梁疯子"的外号。然而他最疯的一次，是在1918年，他为了这次"疯狂"赔上了性命。

早在民国之初，梁巨川便痛心地发现："今世风比二十年前相去天渊，人人攘利争名，骄谄百出，不知良心为何事，盖由自幼不闻礼义之故。子弟对于父兄，又多有持打破家族主义之说者。家庭不敢以督责施于子女，而云恃社会互相监督，人格自然能好，有是理乎？"

终于，在1918年，梁巨川60岁生日前夕，他到朋友家小住，说生日那天回来。结果生日前三天即1918年11月10日，梁巨川自沉于别墅附近的"净业湖"，即今天的积水潭。

他留下遗书《敬告世人书》："国性不存，我生何用？国性存否，虽非我一人之责，然我既见到国性不存，国将不国，必自我一人先殉之，而后唤起国人共知国性为立国之必要。"

梁巨川的殉清，看似开历史的倒车，实则包含着其对中国文化式微的一种深深的忧虑。口述历史学家唐德刚在《袁氏当国》中描述民国前期人们的心态，有相当一部分人认为当时国家的风气、人们的意气尚不如晚清。

这些人中有浅薄而只根据自身经历发表一孔之见的，也有深刻而对国家、文化的转型找不到方向而迷茫着急的。而那些深刻的人中，恐怕只有

梁巨川一个人敢以自己的生命去触动麻木的同胞。

这样一位父亲，对子女的影响自然不会小。而在所有四个子女中，梁巨川对梁漱溟最为喜爱，曾在梁漱溟17岁那年给梁漱溟起了个字——“肖吾”（像我一样）。

而梁漱溟果不负此小字，最有先父遗风。梁漱溟在《我的自学小史》有两段感人至深的话：

吾父是一秉性笃实的人，而不是一天资高明的人。他做学问没有过人的才思；他做事情更不以才略见长。他与母亲一样天生的忠厚；只他用心周匝细密，又磨炼于寒苦生活之中，好像比别人能干许多。他心里相当精明，但很少见之于行事。他最不可及处，是意趣超俗，不肯随俗流转，而有一腔热肠，一身侠骨。因其非天资高明的人，所以思想不超脱。因其秉性笃实而用心精细，所以遇事认真。因为有豪侠气，所以行为只是端正，而并不拘谨。

他最看重事功，而不免忽视学问。前人所说“不耻恶衣恶食，而耻匹夫匹妇不被其泽”的话，正好点出我父一副心肝——我最初的思想和做人，受父亲影响，亦就是这么一路（尚侠、认真、不超脱）。

熟悉梁漱溟的读者读到上面两段话，会惊讶地说，这说的是梁巨川吗？说的不正是梁漱溟本人吗！

足见父亲的行为与思想是怎样深深地刻进了孩子的心灵。

梁漱溟1893年生于北京，作为学者，梁漱溟的天资是不能算高的，即便不考虑其职业，以普通人论之，梁漱溟也属于呆笨一伙儿的。到6岁还不会自己系裤带。一日母亲问他为何还不起床，梁漱溟生气地说：“妹妹不给我穿裤子呀！”惹来全家哄堂大笑。

然而呆人有呆人的厉害之处，呆香菱学诗，宝钗借此讽谏宝玉：“你能够像他这苦心就好了，学什么有个不成的。”梁漱溟便是如此，虽然学得比别人慢，但无比执著。学习时常怀着问题，不解决这个问题，便不算学明白了，不明白，便决不罢休。

要知道，梁漱溟18岁从顺天中学堂毕业，便再没正式上过学。他日后

的学贯中西，完全是靠刻苦的自学而得。

梁漱溟精通西学、儒学、佛学，24岁便应北大校长蔡元培的聘用任印度哲学讲习（在此期间结识了北大图书馆管理员毛泽东），然而受父亲深深的影响，他更看重“事功”，并不因自己的博学而骄傲：“我不喜欢哲学，我喜欢从事的是救国运动。当时，中国被日本侵占，割地赔款，所以救国是第一大问题。我不注重一身一家的事情，注重的是救国。我一生的实践，都是搞事功，主要是乡村运动。我虽出身于官宦之家，生长在北京，可我投身于社会的底层——乡村。在广东，建议搞乡村建设讲习所；在河南，搞村治学院；在山东，搞乡村建设研究院。我自始至终投身于乡村，不尚空谈，注重实干。乡村建设运动的主旨是八个字‘团体组织，科学技术’，是要把散漫的、只顾自家自身的农民组织起来搞生产，在生产中学习和运用科学技术。这就是我当时所努力、所追求、所工作的目标。我未曾料到，像我这样搞事功的人，却被人家看成是什么学者，说我是个什么哲学家，我就是这样误打误撞地搞了一辈子哲学。”

这里提到的乡村运动，可谓梁漱溟毕生的事业，它不是人们通常所理解的简单的“扎根农村，建设农村”，而是要通过改造乡村这个最小的单元，逐步改造全社会的风气。

梁漱溟认为所有文化从乡村而来，又为乡村而设——法制、礼俗、工商业等莫不如此。对乡村加以反思和改造，同时也是对中国传统文化的反思和改造，进而从中寻找改造中国、建设中国的路向。

1927年，梁漱溟应李济深的邀请到广东，准备开始其“乡治”实验计划，这可看作是其乡村建设运动之始。虽然最终该计划流产，但梁漱溟在回北京途中考察了江苏、河北和山西等地已经开展的乡村建设运动，掌握了大量第一手信息，同时也更坚定了他借从事乡村建设运动拯救中国的决心。

1930年，在梁漱溟的主持和河南省政府主席韩复榘的支持下，河南村治学院开办。虽然学校不久便因军阀混战被迫关闭，但梁漱溟毕竟在乡村建设的实践上迈出了第一步。

之所以首先兴办义学，因为梁漱溟认为干任何一项事业，人心都是决

定性的因素，而转移人心的方法，唯有教育一途。必须以教育手段，以改良主义的方法来建设乡村，改造社会。

那位在中国现代史上形象欠佳的韩复榘，在乡村建设运动问题上却出人意料地开明。对一个人盖棺定论，哪有那么简单？（韩复榘当过冯玉祥的“司书生”。念过私塾，读过四书五经，写得一手好字，绝非有些影视剧中表现的颟顸武夫）

1931 年，韩复榘到山东任省政府主席，于同年 6 月开办山东乡村建设研究院，由梁漱溟担任该研究院领导人，中国的乡村建设运动进入了一个黄金时期。

到 1935 年，山东省有 15 个县被划为乡村建设运动实验区，规模空前。也就是在这一年，梁漱溟系统地整理了乡村建设运动的现状和自己对乡村建设运动的思考，出版了《乡村建设理论》一书。可惜的是，随着抗日战争的爆发和日军的入侵，梁漱溟的乡村建设成果被毁于一旦。

新中国成立以后，梁漱溟依旧心为乡村所系，在 1953 年全国政协常委扩大会议和中央人民政府委员会扩大会议上做个人发言时，提出了有名的“九天九地”之说，为广大农民鼓与呼：“特别是近几年来，城里的工人生活提高得快，而乡村的农民生活却依然很苦，所以各地乡下人都往城里（包括北京）跑，城里不能容，又赶他们回去，形成了矛盾。有人说，如今工人的生活在九天，农民的生活在九地，有‘九天九地’之差，这话值得引起注意。我们的建国运动如果忽略或遗漏了中国人民的大多数——农民，那是不相宜的。尤其中共之成为领导党，主要亦在过去依靠了农民，今天要是忽略了他们，人家会说你们进了城，嫌弃他们了。这一问题望政府重视。”

梁漱溟此番话放在今天，仍有现实意义。

毛主席对梁漱溟的看法表示了一定程度的质疑。倔强的梁漱溟坚决要求发言答辩。

“答辩”上，主席以温和地口吻说：“梁先生，你今天不要讲长了，给你十分钟说说要点好不好？”

梁漱溟却执拗地回答道：“我有很多事实要讲，十分钟怎么够？我希望

主席给我一个公平的待遇。”惹得全场一片哗然。

这件事过去几十年，毛泽东在晚年回忆这件事时说“人无完人，金无足赤”，表达了对梁漱溟的谅解；而梁漱溟也后悔当初说话不分场合，伤了主席的感情。这一对在北大时就相识，在延安时曾彻夜长谈的诤友之间的伟大的友谊，真真是一段佳话。

乡村建设运动是梁漱溟救世情怀的集中体现，但其情怀绝不局限于此。

梁先生的很多事迹，意义或许没有乡村建设运动深远，但可能远为凶险，更需要正气和胆识。试看下面一例：

1946 年 5 月 11 日和 16 日，爱国民主人士李公朴、闻一多相继在昆明被国民党特务暗杀。时任民盟秘书长的梁漱溟闻讯后勃然大怒，在接受媒体采访时冒着吃“第三颗子弹”的危险，大声疾呼：“我要连喊一百声‘取消特务’，我们要看特务能不能把要求民主的人都杀完！我在这里等着他！”梁漱溟永远都不会只有豪言壮语，在表态之后，他代表民盟，赴昆明调查李、闻惨案，终将反动政府暗杀民主人士的罪行昭告天下。

梁漱溟教育子女有三条家训：不谋衣食、不顾家室、不因家事而拖累奔赴的大事。梁漱溟的一生，真的很少考虑自己的小家，他和他的父亲，似乎都是为这个世界而生的。

话说一战期间，父子两个谈论着欧陆的战事，梁巨川问梁漱溟：“这个世界会好吗？”梁漱溟答道：“我相信世界是一天一天往好里去的。”梁巨川听罢，凝重的神色有所缓和：“能好就好啊！”

三天后，梁巨川投湖自尽——听了儿子的话，他终于可以了却牵挂，舍生取义了——了却对世界的牵挂。

逐梦箴言

“因为愚笨，思想的过程不能超过他人先走一步，必须走一步后，碰着钉子，乃又反省、转移、变化，每一步皆是踏实不空，以后又继续追求，向前走去，追求时碰着钉子，乃又反省、转移、变化。以故我此生时时在变化中。因为有变化，先前狭隘之见解乃得渐次解放。”

——梁漱溟

知识链接

新儒家思想

亦称“新儒学”。中国贺麟(1902—1992)哲学用语。指以西方哲学“与中国孔孟朱陆(象山)王(阳明)之哲学会合融贯”，“产生发挥民族精神之新哲学”。在1941年《儒家思想的新开展》中提出。主张以西方文化使入学“循艺术化、宗教化、哲学化之古井迈进”，重新解释和发挥三纲的真义，建设新的行为规范和准则，以此复兴中华民族文化。

乡村建设运动

中国知识分子在农村进行的改良主义运动。1928年，梁漱溟提出“乡治”的主张，不久又完成了他的“乡村建设理论”，认为中国农村问题的唯一出路是“乡村建设”。1931年，他在山东邹平县开办了乡村建设研究院，组织中国乡村建设学会，后又在山东三个专区进行乡村建设试验，试图通过建立“乡农学校”、“乡村自卫组织”、“合作社”来解决农村问题。

《东西文化及其哲学》

该书初版于1922年，是梁漱溟新儒学思想体系的理论基础。全书共五章，主要包括了本体论、认识论、文化观、历史观和伦理学思想五个部分内容。作者将西方的非理性注意和中

知识链接

国传统哲学思想相结合，对东西文化加以比较，极富开创性和启发性。

梁漱溟

梁漱溟(1893—1988)，中国哲学家、教育家，新儒家代表人物之一。原名焕鼎，字寿铭，广西桂林人。早年加入同盟会。1917年任北京大学印度哲学讲习，1924年辞离北大后，任河南村治学院教务长并接办北平《村治月刊》。1931年在邹平创办山东乡村建设研究院，任研究部主任、院长，倡导乡村建设运动。抗日战争中，主张团结抗日，参与发起组织统一建国同志会，后改组为中国民主政团同盟，任中央常务委员并为其机关报《光明报》社长。1946年任民盟秘书长。新中国成立后，为第一、二、三、四届全国政协委员，第五、六届全国政协常委，并任中国孔子研究会顾问，中国文化书院院务委员会主席等职。一生致力于研究儒家学说和中国传统文化，造诣颇深。著作主要有《东西文化及其哲学》、《乡村建设理论》、《中国文化要义》、《人心与人生》等。

8月6日倒计时

有人戏称知识分子是如假包换的“分子”——我行我素，高度独立。的确，相对于其他工作，学者的研究相对不那么依赖社会性的活动（当然，只是相对而言）。但在关乎全人类的命运的大事面前，学者也会联合起来，收起个性，担起责任，为人类的未来抗争。

1939年9月1日，德国发动闪电战，占领波兰，拉开了第二次世界大战的序幕。从军事史的角度看，第二次世界大战拥有很多的“第一”：第一次有了装甲部队兵团作战；第一次引入了立体作战的概念（由于空军的普及）……然而最重要的第一，或许是人类第一次见识到了核武器的威力。

1945年8月6日，美军投放原子弹“小男孩”轰炸日本的广岛。当巨大的蘑菇云升起的时候，整个世界震颤了。人类知道，又一个潘多拉的匣子被自己打开了，里面有魔鬼，也有希望。

正所谓“十有二拍兮哀乐均，去住两情兮难具陈”。关于核时代的开启，有太多的文章可做，但这不是本文的重点，本文的重点是学者。原子弹的爆炸就在那一瞬间，而这一瞬间背后，是几千名学者数年的辛勤。

下面，让我们以倒计时的方法，看历史是如何一步步走到1945年8月6日这一节点的。这是一段可歌可泣的历程，一段风云际会的故事。

倒计时40年：一个方程式

1905年，爱因斯坦在他的一篇论文中提炼出$E=mc^2$这一公式，即所谓

智能关系式。这个把全部符号都算上只有5个符号的短短的公式，改变了人类的进程。

倒计时12年：流亡！

1933年，希特勒成为德国总理，法西斯主义和种族仇恨的“瘟疫”开始在德国蔓延。在当时欧洲物理两大重镇之一的德国格丁根大学中，所有犹太学者无一幸免遭到了毫无理由的开除或辞退。

这些失去生计的学者纷纷前往另一重镇——由核物理方面的权威、丹麦物理学家玻尔（Niels Henrik David Bohr）主持的哥本哈根大学。爱因斯坦则干脆到了大洋彼岸的美国普林斯顿大学。

用法国物理学家郎之万（Paul Langevin）的话说：“这就相当于把梵蒂冈从罗马搬到了新大陆。”时代的不安，开始给物理学者们的生涯投上阴影。

倒计时11年：原子时代的起点

1934年，意大利物理学家费米（Enrico Fermi）在用中子轰击原子时意外地发现，在中子源与被轰击的银金属之间放一块石蜡，所激发的核反应更为强烈。这说明，经过减速后的中子引起核反应的能力增强了。

后来，人们知道这一发现是原子时代真正的起点。但当时，即使伟大如爱因斯坦也无法相信原子时代已近在咫尺。

倒计时7年：“核裂变”、“链式反应”

1938年，德国化学家哈恩（Otto Hahn）经过缜密的实验，证明用中子轰击铀，的确不能得到在元素周期表上与铀相邻的所谓“超铀元素”，而是得到了钡等远为轻的元素，并且这一过程伴随着大量能量的产生。他将这一结果写信告知了他昔日最亲密的研究伙伴，奥地利核物理学者迈特纳（Lise Meitner）。

其时，身为亚实基拿犹太人的迈特纳为躲避迫害已迁居瑞典。当她收到老朋友哈恩的这封信时，终于将埋在心里多年的一个大胆的假设提了出

来:铀由于被轰击而分解成了若干较轻的元素,并且这一过程会发生质量亏损。根据爱因斯坦的 $E=mc^2$,这一质量亏损将转化成极大的能量。

迈特纳将这一想法告诉当时欧陆物理学家的主心骨玻尔时,玻尔正准备前往美国开会。当玻尔在会上将哈恩的发现和迈特纳的想法公布时,很多与会的物理学者连会都不开了,直接跑回实验室验证。

玻尔给这一过程起了个名字——“核裂变”。

“核裂变”一经提出,费米便以迅雷不及掩耳的速度提出了“链式反应”的概念,即被中子轰击后的铀会产生新的中子冲击另一个铀核,如此这般持续下去。

至此,8 月 6 日那天需要用到的所有基础性理论已经齐备。正戏就要上演。

倒计时 6 年:齐拉德的奔走

1939 年,欧洲的火药味越来越浓,任谁都能感觉到——战争一触即发。当年投奔哥本哈根的学者们必须再次流亡。

这一次,绝大多数学者迁移到了美国,其中就有一位匈牙利学者齐拉德(Leó Szilárd)。

齐拉德在其本行物理方面并不能算是顶尖级的,但他有敏锐的时代触觉。在爱因斯坦和玻尔都还在否定原子能的实用意义的时候,他便已经隐隐认识到了其中的危机。

这危机不单单来自原子核中蕴涵的惊人能量,还来自对科学共同体即将面对转型——自由与独立,一向是科学所信奉的最高原则,也正是基于这一原则,科学才能在文艺复兴后短短的几百年内取得只能用“奇迹”这个词来形容的发展。然而,今天,科学已不可避免地要被政治裹挟,科学家已然不能自外于他的研究所导致的结果。

为了防止核研究的成果被希特勒这个战争狂人用于武器开发,齐拉德,这位学界的无名晚辈,开始了他横跨两大洲的奔走与疾呼,倡导“自我出版检查”制度,说服核物理领域的学者们对自己的论文进行审查,不要发表任何可能导致核裂变技术进步的论文或实验结果。

学者们对言论自由是有近乎偏执的爱的，皓首穷经地进行研究，就是为了有朝一日能将研究结果公布于众。齐拉德的倡议，用今天时髦的话说，动了绝大多数物理学者的奶酪，碰了学者最敏感的那根神经。

然而，当学者们认识到事态的严重性时，都逐渐默认了齐拉德的提议，以费米为首的物理学者，纷纷自觉地履行“自我出版检查”制度——他们知道，这是自己对全人类的责任。

然而并不是所有德国的物理学精英都逃往了国外，德国本土还有像量子力学创始人普朗克（Max Karl Ernst Ludwig Planck）、海森伯（Werner Karl Heisenberg）那样重量级的物理学者。他们在巨大的政治压力以及生命威胁下，不会完全停滞对链式反应的研究。

1939 年五六月间，德国突然禁止被其占领的捷克向国外出口铀矿。盛夏将至，齐拉德却为此惊出一身冷汗——完了，法西斯德国一定已经开始原子武器的研究了。

既然这样，反法西斯国家就要比他们更早，哪怕早半步研制出原子武器，否则，后果不堪设想。齐拉德顶着似火的骄阳，几乎是飞奔到长岛，找到了爱因斯坦。正在度假的爱因斯坦看到这个气喘吁吁、大汗淋漓的陌生人来到自己面前，一时还弄不清情况，但当读完齐拉德手中的建议政府拨款支持原子物理研究，以对抗纳粹未来可能出现的原子武器的倡议书时，这个巨人沉默了。他毫不犹豫地在倡议书上签上了自己的名字。

得到爱因斯坦签字的倡议书的齐拉德如获至宝，千辛万苦找到了总统罗斯福的好友、国际金融家亚历山大·萨克斯，萨克斯虽然对物理学并不特别内行，但他十二万分地信任并支持这个陌生的访客。

10 月 11 日，萨克斯带着有爱因斯坦签字的倡议书找到美国总统罗斯福，力劝总统支持这一倡议，而罗斯福只是礼貌性地答复萨克斯政府会重视这一问题。

倒计时 2 125 天：“我不做第二个拿破仑！”

罗斯福礼貌性地表示重视，实际上就是不同意。这一点，老练的萨克斯是不会不知道的。

回到家的萨克斯辗转反侧，苦思说服罗斯福的妙计。三寸不烂之舌，萨克斯是不缺的，他现在急需一个典故，一个一下子就能打到七寸的典故。

终于，他想到了，那是科学史上一宗什么时候提起来都令人扼腕的公案——当年威震欧陆的拿破仑因为没有支持富尔顿开发蒸汽船，失去了制海权，最终功败垂成。

第二天，也就是 1939 年 10 月 12 日，萨克斯又来到罗斯福的办公室。罗斯福本来还在心里盘算着如何搪塞自己的老朋友，听了拿破仑旧事，他打开一瓶香槟，说了两句话。

第一句："你赢了。"

第二句："我不做第二个拿破仑！"

倒计时 1 089 天：计划启动

时间进入 1942 年，由于上一年发生在珍珠港的惨剧，美国终止观望态度，加入战争前线。原子武器的研制，也积累了足够的理论基础。在爱因斯坦的一再催促下，原子武器研制计划正式启动，1942 年 8 月 13 日，这一计划定名为"曼哈顿计划"。保密等级——最高。

倒计时 748 天：奥本海默临危受命

计划一出，军方便开始紧锣密鼓却也隐秘异常地行动。迅速安排行政人员，建设实验基地。

按最初的预想，这项计划大概需要六名左右的科学家协助完成。当时为数不多的参与到这个计划中的物理学者奥本海默（Julius Robert Oppenheimer）马上认识到这是一种过于乐观的估计，虽然制造原子武器的基本理论已经具备，但其他海量的辅助性技术还是一片空白。必须网罗到一大批最顶尖的物理学者，才有可能赶在德国法西斯之前造出原子弹！

奥本海默以死谏的决心将自己的想法告知计划的行政负责人格罗夫

斯(Leslie Richard Groves)少将;格罗夫斯力排众议,冒极大的风险让毫无行政管理经验的奥本海默担任计划的技术主管,负责统筹一应科研事务。1943年7月20日,委任状正式下发。

在奥本海默的斡旋与团结下,各路顶尖学者从四面八方齐集三大秘密基地(田纳西州的橡树岭、华盛顿州的汉福德、新墨西哥州的洛斯阿拉莫斯),站到为人类未来而战的大旗之下。

所有这些学者之中,没有一个因为自己是某个领域的权威甚至诺贝尔奖得主(洛斯阿拉莫斯有"诺贝尔奖获得者集中营"之称)而自行其是,所有人都自觉地将自己作为整个工程的一个零件,各司其职,通力合作,高度服从,令行禁止。

让我们来草草看一下参与曼哈顿计划的学者阵容:

1938年诺贝尔物理学奖得主,被誉为物理学最后一位通才的费米负责核反应堆的建造和调试;

有"钚之父"之称的西伯格负责对钚的提炼;

被誉为20世纪最聪明的科学家、青年才俊费恩曼负责有关核裂变的运算;

此外,"计算机之父"冯·诺依曼、1922年诺贝尔奖得主玻尔、有"物理学第一夫人"之称的华裔女物理学家吴健雄等也积极地参与到计划中来。

由于当初预计整个计划只需要六名左右的物理学者,而实际情况是将近有一千名学者参与其中,所以基地的各类生活设施一应都是急就章的产物,这给学者们的生活带来了很多不便,但没有学者因此而抱怨。

曼哈顿计划的保密等级是最高,所以对学者们也实行了准军事化管理,他们在计划实行的两三年中几乎很少有离开基地与家人团聚的机会(为了解决这一不人道的问题,后来允许学者的家属前来基地同这些学者一起生活),而他们所有的私人信件,又必须接受严格的审查,这比之前齐拉德倡议的"自我出版检查"更让人难以接受。如果放在平时,这些天性热爱自由的学者一定会化用阿那克萨卡斯对打算让他人向自己施匍匐礼的亚历山大大帝说的那句话——"热爱自由的希腊人不会允许你这样做!"但此时

此刻，他们都自觉遵守保密的纪律，主动将信件提交审查。

他们知道，基地里的任何一项科研成果泄露出去，传到德国，结果都是毁灭性，世界将因此而被一种邪恶的制度所统治。

倒计时 21 日：齐拉德的再次奔走

1945 年 7 月 16 日，原子弹在新墨西哥州试爆成功，在看到巨大的火球照亮整个天空的时候，计划的技术总负责人、精通印度文学的奥本海默吟诵了《薄伽梵歌》中的诗句："漫天奇光异彩，有如圣灵逞威，只有千个太阳，始能与其争辉。"

三年辛苦不寻常造出来的原子弹试爆成功了，按说学者们这回要欢呼雀跃了。可事实却恰恰相反。当年为呼吁政府制造原子弹而奔走的齐拉德，如今又站出来，为呼吁政府不要使用原子弹而奔走。

很快，齐拉德的倡议书上征集到了 69 位顶级学者的签名。这 69 位学者有相当一部分是一手研制原子弹的，他们不惜让自己苦心研究的成果束之高阁，也要封住这个潘多拉的匣子。当初不得已研发原子弹，是为了对抗邪恶的法西斯，如今法西斯德国已经投降，而日本不可能研制出核武器，那么我们为什么还要使用这种可能灭绝人类的武器呢？！

这是当时众多学者的呼声。然而军方的意思是，一定要在战场上使用这一新武器。

倒计时当天：京都被划掉

1945 年 8 月 6 日，在日本广岛投放原子弹，发生了全文开始的那幕。按理说，到投弹这一步，已经和学者没有任何关系了，但这里偏就还有一件和学者有关的事，而且这位学者还是我们中国的梁思成。

梁思成是建筑大师，又没有参加曼哈顿计划，投弹的事跟他能有什么关系呢？原来，美军原拟原子弹的四个轰炸目标是京都、小仓、广岛、新潟。但在最后的决议中，采纳了梁思成在盟军对日发动总攻时提出的建议，决定保留古都京都的古建筑，将京都改为长崎。梁思成因此被认为是"日本

古都的恩人”。

曼哈顿计划，是将学者高度组织化的“大科学”的最典型的成功案例。这场庞大计划的各个环节——从最初号召到事后的反思，都能看到学者活跃的身影。

如果你对学者保持着他们都是世外闲人的偏见，那么请回顾一下曼哈顿计划，想想齐拉德的奔走，想想奥本海默、费米们的艰辛，想想他们为人类付出和牺牲的一切。

逐梦箴言

吾辈不出，如苍生何？

知识链接

曼哈顿计划

曼哈顿计划(Manhattan Project)，亦称“曼哈顿工程”，系美国陆军部研制原子弹的计划。1942 年 6 月开始实施，由格罗夫斯(Leslie Richard Groves，1896—1970)少将负责，众多顶尖级的科学家参与其中，在田纳西州的橡树岭、华盛顿州的汉福德、新墨西哥州的洛斯阿拉莫斯秘密建造庞大的实验基地，最终成功研制出原子弹。二战后，根据 1946 年 8 月的《原子能法》，该计划的人员、设备、资料划给原子能委员会。

吴健雄

吴健雄(Chien-Shiung Wu，1912—1997)，美籍中国女物理学家。生于江苏太仓。中央大学毕业，美国加利福尼亚大学博士，曾任哥伦比亚大学教授，美国全国科学院院士，美国艺术和

科学院院士。1975 年当选美国物理学会会长。1957 年以实验验证了弱相互作用下的宇宙不守恒。1963 年以实验证明了β衰变中矢量流守恒定律。

《薄伽梵歌》

“薄伽梵歌”字面意思是“世尊(指黑天)之歌”,学术界认为它成书于公元前 5 世纪到公元前 2 世纪,是印度教的重要经典,叙述了印度两大史诗之一的“《摩诃婆罗多》(Mahābhārata)”中的一段对话,也简称为神之歌(Gītā)。

《摩诃婆罗多》中叙述的事件导致了现在的喀历年代的到来,在这个年代——大约五千年前——的开始,主奎师那向他的朋友兼奉献者阿尔诸纳讲述了《博伽梵歌》。它是唯一一本记录神而不是神的代言人或者先知的言论的经典。

《薄伽梵歌》被多数印度教徒视为神圣,虽然是诗史的一部分,却也被视为奥义书之一,总共有 700 句,分成 18 章。

智慧心语

惟有民魂是值得宝贵的，惟有它发扬起来，中国才有真进步。

——鲁迅

大江歌罢掉头东，邃密群科济世穷。面壁十年图破壁，难酬蹈海亦英雄。

——周恩来

建筑是社会的缩影，民族的象征，但绝不是某一民族的，而是全人类的共同财产。如奈良唐招提寺，是全世界最早的木结构建筑，一旦炸毁，是无法补救的。

——梁思成

乐不难，乐之后不苦难。行动之后无悔难。奋勇之后继续难。人活着不难，活着不生厌离之感难。

——梁漱溟

……所谓对其本国已往历史略有所知者，尤必附随一种对其本国已往历史之温情与敬意。所谓对其本国已往历史有一种温情与敬意者，至少不会对其本国已往历史抱一种偏激的虚无主义，亦至少不会感到现在我们是站在已往历史最高之顶点，而将我们当身种种罪恶与弱点，一切诿卸于古人。

——钱穆《国史大纲》

第八章

出了象牙之塔

导读

《出了象牙之塔》为日本学者厨川白村的随笔集，对日本当时的社会问题进行了全面的反思和批判。该书由鲁迅先生译介到中国。本章以厨川氏书名为题，倒并非也要反思中国当前的社会问题，而是"望文生义"，探讨学者的学问如何被象牙塔外的大众接受——学问当然不以被大众接受为目的，但学问也不应当是象牙塔内的独白，不是吗？

■ 理论、应用与普及

数学,这一科学王冠上的明珠,不知让多少莘莘学子为之头疼。数学难,而且抽象,很多人费很大力气去学,到头还是一头雾水。

如果邀请这些懵头数学的朋友去听一场关于数学的演讲,他们一定会连连摆手;如果再加个定语“华罗庚的”,估计手摆得就更厉害了——我连初中数学都含糊,去听华罗庚的演讲?!

乍一听,是有些天方夜谭的意思,但我相信,听了下面这个演讲,你一定会改变想法。

1985 年 6 月 12 日下午,日本东京大学理学部 5 号馆 103 室内的气氛空前热烈。济济一堂的师生将教室挤了个水泄不通,大家是在翘首企盼一场演讲。

听众中不时出现日本数学会理事长小松彦三郎这样日本数学界权威的面孔,说明了即将开始的演讲水平之高。

16 点 15 分,一位坐着轮椅的老人准时入场,老人看上去并不强健,甚至隐隐有病容,但是精神矍铄,在主持人介绍过“这位是来自中国的华罗庚先生”后,还从轮椅上站起来对观众致敬。接下来,演讲正式开始。

关于数学的演讲,印象中应该充满了艰涩的术语和公式,台上台下一片严肃,但这场演讲自始至终笑声不断。华老的演讲何以有如此神奇的魅力,让我们还原一段现场,亲自去领略一下:

一般地讲,中国工人的文化水平不如日本工人的文化水平高,如果说

我到车间去讲优选法，要求听讲的工人都要学过微积分，这是不可能的。那么我是怎么在中国普及优选法的呢？首先我让大家记住一个数——0.618。这张纸条和这支烟就是我的教具。假定纸条就代表某一因素的范围。第一个试验在什么地方做呢？在全长的 0.618 处做。（说到此处，华老真就点燃了一根烟，用烟头在纸条的 0.618 处烧了一个洞）第二个试验点又在什么地点做呢？在纸上第一个试验点的对称点上做，在我这里就很简单地找到了。把纸对折起来，顺着第一个试验点所烧的洞烧过去，第二个试验点就得到了。这时，可将两个试验点所得到的结果对比一下，看哪个试验点所出的效果好。如果第一点比第二点好，那么就把第二点以下撕掉；如果第二点比第一点好，第一点以上已经被撕掉了。下一个试验在什么地点作呢？仍然是把剩余的纸条对折一下，顺着剩下的试验点所烧的洞烧过去，就得到了第三个试验点。然后再作比较，留下好的，撕去坏的。以后怎么做，不用我讲了吧！（台下笑声一片）一直做到生产上所需要的精度为止。

看这篇文章的读者，或许也没学过微积分，但听了华老这段深入浅出、妙趣横生的演讲后，你是不是也会用优选法了呢？

日本女数学家百鸟富美子在其《悲歌》一文中这样记录这场演讲："演讲渐入佳境，眼前先生愉快的身影，仿佛与他在中国各地的讲坛上面对老百姓，用简洁明了的语言解释复杂的数学方法时的身影重叠。"

的确，华罗庚可以说是我国最早走出书斋的数学家。

他从 1959 年 5 月 28 日在《人民日报》上发表《大哉数学之为用》开始，便致力于将高效易行的数学方法传播到群众中去，让群众能够在工农劳动生产中分享数学的成果。

他先是在 1960 年的《光明日报》上发表《运筹学》，宣传"统筹法"。1964 年，又在北京图书馆读到了魏尔德（D.J.Wilde）的著作《优选法》，认为其中"斐波那奇方法"与"黄金分割方法（0.618 法）"简单且具有广泛的实用价值。

自此，"统筹法"与"优选法"成为华罗庚的"双法"。在中国推广"双法"成为华老为自己设定的使命。

1965 年 6 月 6 日，华罗庚在《人民日报》上以整版篇幅发表了《统筹方

法平话》,以普通的烧水泡茶来讲统筹法,在群众中引起了广泛的反响;之后他还出版了小册子《统筹方法平话及补充》,进一步以通俗易懂的语言向群众讲解统筹学的方法。

著书不足,华老还亲自深入工厂农村,现场演示,手把手教授"双法"。"夏去江汉斗酷暑,冬往松辽傲冰霜"是他那一时期生活的写照。

华老的足迹遍及27个省、市、自治区的100多个县,上千个工厂、矿山和村庄;六赴山西,七下龙江,六去大庆,总行程约100万公里。

"双法"的传播和推广,解决了一大批生产实践中的问题,在增加产量、提高质量、降低消耗、缩短工期等方面取得了良好的效果。同时,培养了一大批技术人员、工农骨干,使许多应用数学工作者得到了锻炼,摸索出了一条发展我国应用数学的道路。

华罗庚被外媒评为"中国在世界上最有影响力的数学家之一",与华老能够走出象牙塔,将高深的学问与人们的日常迫切需要相结合,大有关系。

推广"双法"之外,华罗庚还特别注重激发小朋友的学习兴趣,引导他们进入科学的殿堂。像《从孙子的神奇妙算谈起》、《聪明在于勤奋天才在于积累》便是这方面的作品。

华罗庚可以算是走出象牙塔的学者的典型代表,但认识到学问不能为学界垄断,而应为天下公器的人绝非华老一人。

霍金,目前只有眼皮和几根手指能动,写书却并不含糊。不仅要高屋建瓴,见解卓著,还要通俗易懂,以便向大众传播。他的作品《时间简史》、《果壳中的宇宙》直到最近的《大设计》等等,无不精雕细琢,将专业的风范和大众的口味结合得天衣无缝。你无法想象,像这样一些讲黑洞,讲用赵本山的话说"臭氧层的"时空观的书,销量直直赶超麦当娜的《性》。而霍金还嫌传播得不到位。为了让更多的人接触到宇宙学,了解宇宙的神奇,霍金还与其女儿合作,出了三本科幻小说。

乔治·伽莫夫,说他是大爆炸宇宙论创始人,或许知道的并不多。说起他的《物理世界奇遇记》,却会勾起很多人亲切的回忆——那位汤普金斯先生现在还在不停地做他量子世界的怪梦吗?除了这本国人耳熟能详的

《物理世界奇遇记》，伽莫夫的科普作品还有《从一到无穷大》(*One Two Three ... Infinity: Facts and Speculations of Science*)、《震惊物理学的三十年：量子理论的故事》(*Thirty Years That Shook Physics: The Story of Quantum Theory*)，也都妙趣横生，只是在国内的名气不如《物理世界奇遇记》。

科学领域如此，人文，这个原本就更贴近公众的领域，更是时有普及性的大作问世。中国的，以《两晋南北朝史》、《理学刚要》闻名的史学大家吕思勉，鉴于国人对三国的兴趣，特将研究三国时期的一些文章改写成通俗易懂的形式，出了一本名为《三国史话》的小册子，大受欢迎。

金克木先生在《读书》杂志频发妙文，与读者探讨读书学习之道，一同品味好书。

美学家朱光潜在出版大部头的专著《西方美学史》后，收到了很多读者来信，里面提出了很多美学方面的问题，朱光潜对其一一做了深入浅出的解答。在发现读者普遍反映读了回信收获极大时，朱光潜与出版社商议，将这些书信结集出版，这就是颇受青年学子喜爱的《给青年的十二封信》。

外国的，出生于奥地利的英国艺术史学者贡布里希（Ernst Hans Josef Gombrich），被誉为西方艺术史传统里最后一座高峰，但这座高峰丝毫没有高高在上的傲慢，相反，他精心为普通读者写了一本普及性的读物——《艺术史》(*The Story of Art*)，这可能是有史以来读的人最多的艺术史书籍，对提高公众的艺术修养起到了极大的作用……

那些牢守书斋、钻研高深学问的人，是值得敬佩的；像房龙（Hendrik Willem van Loon）那样，写下无数畅销的知识读物的人，也是值得敬佩的。像华罗庚以及上面提到的那些学者，象牙塔内，居庙堂之高则为一代宗师；象牙塔外，处江湖之远则善开启民智的学者，则更是可敬、可爱。

最后，让我们回到华老的那场演讲——演讲由于华老的睿智和风趣而高潮迭起，比预定的时间延长了很久才结束。正当观众对演讲报以雷鸣般的掌声时，这位刚才还活力无限的老人一下跌倒在了地上。虽经第一时间抢救，终是罔效。

华罗庚先生在精彩地完成他一生最后一场演讲后溘然长逝。对于将

一生奉献给科研和科研成果普及的华先生来说，这算不算最华丽的谢幕呢？

这场演讲的主题是“理论、应用与普及”，正是本章的题目，是为纪念。

逐梦箴言

华罗庚说：“我想，人有两个肩膀，应该同时发挥作用，我要用一个肩挑着送货上门的担子，把科学知识和科学工具送到工人师傅手里；另一个肩膀可以作人梯，让青年们踏着攀登科学的更高一层山峰。”事实证明，一个人在一心成就他人的同时，往往也不经意地成就了自己。

知识链接

《物理世界奇遇记》

《物理世界奇遇记》是美籍俄裔核物理学家乔治·伽莫夫的科普小说。小说以主人公、银行职员汤普金斯先生(Mr Tompkins)不断地听讲座和在梦境中游览物理世界为线索，介绍了相对论和量子论的相关内容，生动幽默，深入浅出。

该书的前身是于1940年出版的《汤普金斯先生身历奇境》(*Mr Tompkins in Wonderland*)。1944年，出版了续集《汤普金斯先生探索原子世界》(*Mr Tompkins explores the atom*)。1965年，伽莫夫将两本书合并并进行了补充和改写，作成了《平装本里的汤普金斯先生》(Mr Tompkins in Paperback)。我国最早引进的《物理世界奇遇记》便是这一版本。在伽莫夫去世后，英国科普作家罗素·斯坦纳德(Russell Stannard)在1999年对这本书进行了修订，出版了《汤普金斯先生的新大陆》(*The New World of Mr Tompkins*)，即《物理世界奇遇记》的最新版本。

此外，以汤普金斯为主角的科普书还有《汤普金斯先生在

知识链接

自己里面：新生物学历险记》(*Mr Tompkins inside himself: Adventures in the new biology*)。

房龙

亨德里克·威廉·房龙(Hendrik Willem van Loon，1882—1944)，荷兰裔美国人。历史通俗读物作家、插图画家。房龙的作品多以散文的形式叙述、评论历史事件及人物，他生动诙谐的文笔使读者能在短时间内以一种轻松的方式了解历史的大致脉络，并配上亲手绘制之许多生动插图，提高阅读的趣味，因此很受一般的读者欢迎。他的书在美国十分畅销，拥有惊人的销售量。但在历史学研究上，房龙则并未取得相应的学术地位与成就，基本上是被定位于一位“优秀的通俗历史作家”。

房龙的作品众多，主要有：

《宽容》(Tolerance，1925)

《房龙地理》(Van Loon's Geography: The Story of the World We Live In，1932)

《人类的故事》(The Story of Mankind，1921)

《圣经的故事》(The Story of the Bible,1923)

《荷兰共和国的衰亡》(The Fall of the Dutch Republic，1913)

《荷兰共和国的兴起》(The Rise of the Dutch Republic，1915)

《荷兰航海家宝典》(The Golden Book of the Dutch Navigators，1916)

《发现简史》(A Short History of Discovery: From the Earliest Times to the Founding of Colonies in the American Continent，1917)

《古人类》(Ancient man; the Beginning of Civilizations，1920)

《人类解放的故事》(The Liberation of Mankind: the story of man's struggle for the right to think，1926)

《美洲的故事》(America: The Story of America from the very beginning up to the present，1927)

《阿德里安·布洛克》(Adriaen Block，1928)

《制造奇迹的人》(Man the Miracle Maker, 1928)

《伦勃朗的生平与时代》(R. v. R.: the Life and Times of Rembrandt van Rijn, 1930, 一译《人生苦旅》)

《人类的家园》(The Home of Mankind: the story of the world we live in, 1933)

《发明的故事》(The story of inventions: Man, the Miracle Maker, 1934)

《与字母一起漫游世界》(Around the World With the Alphabet, 1935)

《艺术》(The Arts, 1937)

《西方美术简史》(How to Look at Pictures: a Short History of Painting, 1938)

《太平洋的故事》(The Story of the Pacific, 1940)

《约翰·塞巴斯蒂安·巴赫的生平与时代》(The Life and Times of Johann Sebastian Bach, 1940)

在上述众多作品中,《宽容》可能是房龙最为国人所知的作品。

在这本书中,作者用极其轻巧的文字撰写通俗历史著作,细述人类思想发展的历史,倡言思想的自由,主张对异见的宽容。故去的历史人物变得鲜活,带领我们神游历史,探寻人类精神不宽容的根源。其智慧的妙语和真知灼见更是让人获益匪浅。

易中天与百家讲坛

2006年，中国央视电视台的一档节目火遍了大江南北，那时你打开电视，总能看到一个熟悉的身影，个儿不高，但精神，穿一身笔挺的中山装，梳一头一丝不乱的分头，操一口带荆襄口音的普通话，声情并茂，口若悬河，将千头万绪的三国历史讲的明明白白、活灵活现。那真是古今多少事，都付笑谈中。

没错，这便是"百家讲坛"栏目2006年隆重推出的易中天《品三国》。

听易中天的《品三国》，观众时不时地会被"'孙郎'就是孙帅哥，'周郎'就是周帅哥""现在是灭董卓的最好时机——董卓已经把洛阳烧掉了，还劫持了皇帝，基本可以把他定位为恐怖组织了""这就使我们觉得袁绍这个人好像有一种天才，凡是对他有利的正确的意见他一定是不听的，凡是对他不利的错误的意见他一定是要听的，那才是怪了"一类的妙语逗得捧腹大笑，于笑声中重回三国，也于笑声中记住了那个讲三国的易中天。

易中天从厦门大学一名普普通通的学者，一下子变成了"明星教授"、"学术偶像"。更因2006年第28期《三联生活周刊》的封面宣传语而有了"学术超男"的美称。

然而光环和阴影总是相辅相成的，加之易中天又几乎是第一位与电视这一大众媒体结合，取得空前成功的学者，遭到的来自各方面的质疑，自然是不会少的。

有人说易中天现象是文化庸俗化的表现，是学术的一种堕落。有人则

质疑:这不就是评书嘛！更有人由易中天一人而推之百家讲坛栏目——百家讲坛这个栏目能这么搞吗？将严肃的学术置于何地呢？

对于种种声音，易中天不怒不恼。他深知，在一个深刻变革的时代，人们对新生的事物无法达成准确的、理性的共识。

要想解除人们头脑中根深蒂固的偏见，需要的不是针锋相对、猛烈还击，而是把这个时代的特征，把各种新生事物的性质研究个通透，阐释个明白，辨析个准确。如此一来，则偏见不攻自破。

易中天就是这样，拿出诸葛亮安居平五路的气定神闲，用高明的见地和雄辩的阐述"平"了各路质疑。

首先，要为学问利用大众传媒向大众传播这件事正名。

易中天掷地有声地总结出六个字——"为了人的幸福"。他先是启发他的反对者:人与动物的区别在哪里？其中之一便是动物只需要活着，而人还要追求幸福。因为人要追求幸福，所以才会有文学、历史这类看似无用的学科——它们体现出一种"人文关怀"，而人文关怀可以促进人的幸福。

既然文学、历史这类学科的目的在于让人获得人文关怀，那么请问不向大众传播怎么能实现这一目的呢？

关于研究与传播的关系，易中天有一段十分精辟而公允的见解:

所以，"学术"一词，必须包括两个内容:研究与传播。所谓"学者"，也应该包括两种人:研究者与传播者。当然，这里可以有一个分工，比如一部分人做研究，一部分人做传播。也可以有一个比例，比如做研究的多一点，做传播的人少一点。他们甚至还可以交叉、重叠，比如做研究的也做传播，做传播的也做研究；或者一段时间做研究，一段时间做传播，就像"学而优则仕，仕而优则学"一样。至于那比例是三七开、四六开、二八开，倒无所谓。反正不能没有研究，也不能没有传播。以研究压传播，认为只有做研究才是真学者，做传播就低人一等，要打入另册，不但违背学术的初衷，而且简直就"没有良心"。

说清了学术向大众传播的意义，又捋顺了研究与传播的关系，那么百家讲坛就很好定位了:它是一档立足于学术的传播的节目。

既然立足于传播，就要符合传播的规律，适应电视这种媒体的特点。对于电视这种大众传媒的特点，易中天总结了三点：电视与图书不同，其接收方式是视听综合的；电视与电影不同，观众是松散的、游移的、有一搭没一搭随时都可能转换频道的；电视观众与学生不同，没有义务去听你的课。

既然电视传媒有这三点规律，那么就要求从制作方到主讲人据此调整（易中天称之为"修理"、"洗脑"）自己。

向大众传播，绝不是你对大众讲了，大众就买你的账；绝不是钱砸到了，名气到了，节目就火；相反，也绝不是放下身段，讲讲故事，就能受欢迎。这里面其实有精密而微妙的传播学技巧在其中，有时，在"传播某某"这个词组中，"传播"二字，未必比它后面的那个"某某"次要。"金牌栏目""学术超男"都不是一朝一夕练就的，绝对不像有些人认为的那样，是学术的简单化庸俗化。

一开始，百家讲坛将定位定得很高，所请的主讲人基本都是各个领域的泰斗。结果是收视率极低，几乎面临被淘汰出局的命运。

节目主办人发现，泰斗是有学问的，但有学问的不一定会讲课，会讲课的不一定会在电视上讲课。于是，开始重新反思自己的定位。

节目的宗旨既然是传播知识和文化，那么主讲人一定需要有知识和文化，这是应有之义。但知识和文化需要传播，这就需要主讲人能够"抓住观众"会传播。

"抓住观众"四个字说起来容易，就像中医看病，要点也就"望闻问切"四个字，但练起来，不下苦功夫不行。易中天在《品三国》中的收放自如，也不是天赋异禀，而是在实践中磨炼出来的。

在《品三国》之前，易中天在百家讲坛主讲《汉代风云人物》，有一个失误，让易中天至今记忆犹新。那是在讲鸿门宴那一段的时候，易中天将鸿门宴的背景，当时各方势力的形势分析得丝丝入扣，但谈到鸿门宴那场宴席，三言两语便带过了。事后，制片人万卫对此提出了自己的意见，易中天不服："鸿门宴哪个中国人不知道，还需要我讲吗？"万卫告诉易中天："正因为大家都知道，才要听您讲。观众不是要听'鸿门宴'，而是要听您怎么

看待这段历史，要听‘易中天版鸿门宴解读’。”

这句话一下子点醒了易中天，让他领悟了百家讲坛，乃至利用大众传媒传播学术的三昧：不能只讲学术，不能不讲学术；不能不讲故事，不能只讲故事。在学术与故事之间，有一个微妙的平衡点。

易中天将这次领悟到的三昧和之前累积的经验通通融合到之后的《品三国》中，才实现了自己，也实现了电视传媒传播学术的飞跃，谈何容易。

在答应制片方录制品三国节目之后，易中天便为此精心准备，每天的必读书是关于三国的，闲暇时看的书也是关于三国的，就连去北京录制节目，在飞机上读的都是裴注《三国志》——不能不讲学问，所以学问一定要精。学问精了，下面就是那个“微妙的平衡点”的问题，易中天在长期的摸索中终于找到了，那便是“妙说”。

我把我的演讲风格分成3个境界：其一为“正说”，也就是以历史事实为依据，不胡说，不瞎说，保持一种严肃的治学态度；其二为“趣说”，即在坚持真实的基础上强调表述方式的栩栩如生，为了达到这个境界，我会加进去一些无厘头的搞笑语言，有时无厘头是必要的，这就像烧菜得加胡椒、味精等调料一样，能极大调动观众的听讲兴趣；其三为“妙说”，也就是在前两说的基础上对历史进行分析，给观众以启迪，这是最高的境界。

易中天的《品三国》中，不乏趣说，而批评者也最喜欢拿这些趣说说事儿。

事实上，《品三国》中“妙说”的成分远远大于“趣说”。他对三大集团人员构成的独特见解、对汉末士族、贵族、门阀、军阀之间复杂关系的精到分析，无不体现出他对三国历史的深入研究。

在严谨性方面，易中天也丝毫不含糊，虽然他在说不要紧的话时喜欢幽三国人物一默，但在谈到重点问题时，言必有据。是“引自”还是“转引自”都一丝不乱，体现出一个学者严谨的治学态度。那些说易中天《品三国》是评书的声音，实在是有些以偏概全、以管窥豹了，不攻而自破。

学者致力于知识的普及，在过去也并不少见，只是那时多是通过著书，很少有人想到学术能和电视这个通常认为是让人远离阅读、怠于思考的传

播工具结合在一起。

但这其实真的没有什么不可思议的，等到电视也渐渐淡出人们的日常生活，或许，学术还会和微博结合，还会和更新的传播技术结合。

要知道，两千多年前的古罗马人在学习时也曾一度排斥书本的——因为书本会让人"怠于记忆"。

逐梦箴言

"摆阔摆谱的，十有八九是赚了些小钱的暴发户。他们以前穷怕了，现在发了起来，就要嚷嚷得满世界都知道。同样，你如果真的'学富五车，才高八斗'，非得'地球人都知道'吗？"

——易中天

知识链接

《三国志》

《三国志》，西晋陈寿（233—297）撰。六十五卷，分魏、蜀、吴三志。纪传体三国史。无表志。魏志前四卷称纪，蜀吴两志有传无纪。对魏的君主称帝，叙入纪中；吴、蜀则称主不称帝，叙入传中。魏、吴两国先已有史，属于官修的有晋王沈《魏书》、吴韦昭《吴书》，属于私修的有魏鱼豢《魏略》，为寿书魏吴两志的主要依据。蜀国无史，但寿为蜀人，又为史学家谯周弟子，属未亡时，即留心蜀国史事，故《蜀志》亦不逊于魏吴两志。三志本独立，后世始合为一书。以叙事较为简略，南朝宋时裴松之为之作注，博引群书，进行补缺、备异、惩妄、论辩。注文多出本文数倍，保存的史料甚富。近人卢弼有《三国志集解》。

传播学

以人类传播（信息交流）现象为研究对象的学科。发端于20世纪初的欧美，初步形成于40年代末的美国，50年代以来

知识链接

逐步传播到世界各国。在大众传播迅速发达、社会科学和自然科学充分发展并相互融合的进程中，传播学者借鉴新闻学、心理学、社会学、信息论等多学科的理论和方法，建成独自的框架和体系。一般分为人际传播、组织传播、大众传播、网络传播等分支学科。已形成两个学派：一是传统学派，又称经验学派，以美国学者为主，其特点是以解决政治、经济及社会实际问题为主要目的，以定量分析为主要研究手段，注重微观研究；另一是批判学派，以西欧学者为主，其特点是强调从宏观层面研究媒介与社会结构的关系，以定性分析为主要研究手段，注重批判资本主义体制中的一些弊端。

智慧心语

言之无文，行而不远。

——《春秋左氏传》

壮士临阵决死哪管些许伤痕，向千年老魔作战，为百代新风斗争。慷慨掷此身。

——华罗庚

很多研究历史的人，把历史当作一具尸体，放在解剖台上，用解剖刀一点一点地切割，取出肾脏、肝脏、心脏来研究。这也许是一种方法，但我不太喜欢。我是学文学出身的，我觉得面对历史，首先要去感受它的血肉和肌理，其次才谈得上研究。

——易中天

要学会把有限的知识融会贯通，融入自己的生命。要一边学，一边想，一边应用。

——于丹

传播指的是人与人关系赖以成立和发展的机制，包括一切精神象征及其在空间中得到传递、在时间上得到保存的手段。它包括表情、态度和动作、声调、语言、文章、印刷品、铁路、电报、电话以及人类征服空间和时间的其他任何最新成果。

——[美]库利《社会组织》

第九章

远离光环

导读

当我们提到那些著名学者的时候，他们的一本本著作，一个个成果恰似一个个光环，其光芒之耀眼，让我们目眩神迷，让我们心向往之。然而我们会发现：这些享有的光环的本人却丝毫不为之自豪，反倒每每迫不及待地远离，避之唯恐不及。一般人或许很难理解大师们的这一良苦用心——他们深深地知道：学术是一种直接面对真理的活动，在真理面前，光环没有任何用处，它们只会遮蔽了真理的辉光。

■ 好在当时没有一鸣惊人

20世纪初叶，在印度的拉合尔（Lahore，今属巴基斯坦），有一个内向而羞涩的青年。他成绩优异，却几乎很少与同学交流，每天放学，他总是一个人静静地读书，或者静静地听他的父亲演奏舒缓的乐曲，晚上睡觉前，他总要看上一阵窗外的夜空。

日复一日，年复一年，似乎只有书本、音乐和星空能走进他敏感而丰富的内心。这个青年便是苏布拉马尼扬·钱德拉塞卡。

里尔克的《秋日》里有句诗是“谁此时孤独便永远孤独”。似乎正应了这句诗，这位落落难合的青年日后成了在科学界踽踽独行的隐士。

1930年，也就是钱德拉塞卡19岁那年，他因成绩突出获得了印度政府的奖学金，并得到了去英国剑桥大学留学的机会。

得知自己可以去剑桥学习，钱德拉塞卡的心中涌动着前所未有的狂喜。因为在那里，有他最为仰慕的老师——爱丁顿爵士。

在爱因斯坦提出相对论之初，学术界，哪怕是那些顶尖级的物理学者，对此也是一知半解，云里雾中。当时，全世界只有一个人是爱因斯坦的知音，那个人便是爱丁顿。

他于1919年前往西非的普林西比岛（Príncipe）观测日食，证实了爱因斯坦所说的光线经过引力场偏折的预言，并将爱因斯坦的相对论传播到了英语世界。

那些介绍、讲解相对论的文章将钱德拉塞卡带进了另一个神奇的世

界，天地的图景，在钱德拉塞卡头脑中，自此变成了完全不同于日常经验的模样，他曾为此而激动得数夜彻夜难眠。

如今，自己就要前往那些文章的作者所在的学校，可以在那位作者的悉心指导下学习了，心中怎能不狂喜。

在坐船前往英国的漫长的旅途中，钱德拉塞卡一如在拉合尔时那般寡言。他从不与其他旅客谈天、说笑。手里总捧着一本爱丁顿的书，时不时地在草纸上进行一些演算，看累了，算累了，就去甲板上，吹吹风，如果是在夜晚，就像儿时一样，仰望星空。

不知是不是海风的吹拂给了钱德拉塞卡惊人的灵感，就在这次旅途中，钱德拉塞卡演算出了一个足以让他名垂学术史的成果：白矮星的质量上限是太阳质量的 1.44 倍，如果超过这一上限，恒星将继续坍缩。

这便是后来大名鼎鼎的"钱德拉塞卡极限"（Chandrasekhar limit），在当时，它还在一个名不见经传的年轻人的草稿上。

他激动极了，要知道，当时学界普遍认为白矮星是恒星演化的最后阶段，如果白矮星能够继续坍缩，它会演化成什么呢？难道就是那个叫"黑洞"的事物吗？钱德拉塞卡预感到自己触摸到了宇宙的一个大秘密。

他将这个发现小心地封存，打算将其完善之后，作为献给他未来的老师——爱丁顿的礼物。

来到剑桥，钱德拉塞卡终于见到了他日思夜想的老师爱丁顿。在爱丁顿的指导下，钱德拉塞卡的学业取得了突飞猛进的进步。在这期间，他不断从理论上完善自己在渡轮上的那个发现。爱丁顿对这位年轻人十分赏识，也鼓励他多发表自己的看法。

1935 年，作为剑桥大学天文台台长的爱丁顿，调动方方面面的资源努力为自己的爱徒争取到了一个在英国皇家天文学会的一个会议上作 30 分钟学术报告的机会（那时候这种小型学术报告一般都只给 15 分钟时间）。

钱德拉塞卡受宠若惊，他就要迎来他一生中最辉煌的时刻，他要将为老师准备了 5 年的礼物在皇家天文学会庄严的会场上公之于世。

30 分钟的报告作完了，由其导师对这一报告进行评论。钱德拉塞卡等

待着老师欣慰的微笑，然而谁都没想到的是，爱丁顿走上讲台，面沉似水地宣布钱德拉塞卡犯了一个根本的原则性错误，并说：“应有一条自然定律阻止恒星以这种荒谬的方式行动！”

说罢，一向温文尔雅的爱丁顿爵士居然气得将钱德拉塞卡的论文稿撕得粉碎。

这一戏剧性的场面引发了观众席中一片哄笑，原本就有些孤僻内向、敏感脆弱的钱德拉塞卡，面对这一突如其来的重重一击，内心早已坍塌，四周的一切，都显得那么茫远，似乎自己已远离了这个世界。

两行热泪流到腮边，钱德拉塞卡不停地喃喃自语：“世界就是这样终结的，世界就是这样终结的，世界就是这样终结的。不是伴着一声巨响，而是伴着一声呜咽。”

爱丁顿，这位曾经力排众议宣传相对论的盗火者，在获得了崇高的威望和地位后，也被光环映花了眼睛，对新事物、新思想变得极端保守起来。

看到钱德拉塞卡的崩溃，看到爱丁顿的愤怒，看到观众中的骚动，大会主持认为再让这位年轻人出来答辩一来以他现在的状态已不大可能，二来会因此得罪学界权威，所以连例行的答辩的机会都没给钱德拉塞卡留，便继续下面的会议。

会议结束，神思已恍惚的钱德拉塞卡还在喃喃自语，一些好心的学者来到这个今天最丢脸、最可怜的年轻人身边，简单地安慰了几句，但那些轻飘飘的话语如同吹不进心灵的风，丝毫不能抚慰那颗被自己最敬爱的老师无情、无理地批判的年轻人的心。

性格柔弱的钱德拉塞卡没有选择与他的老师据理力争，而是选择了“得体的退让”。

他将自己的研究成果写进了一本书里，然后将书封存，同时封存了自己的一段心情、一段时光。

他在给父亲的信中写道：“我发觉自己同天文学的领袖人物处于一场争论之中，我的研究工作完全和整个儿受到天文学界的怀疑。我必须下决心究竟做什么。我的余生应继续斗争下去吗？……我真的认为不断唠叨

地反复讲已做过的某些事是无效果的。对我来说,更好得多的是改变感兴趣的领域和研究别的问题。如果我是对的话,那么它终究会被人知道是对的……我并没有必要留在那里,所以我就离开了它。"

从此,他不再发表任何有关白矮星的论文,将研究的重点先后转移到星系动力学、大气的辐射转移理论、宇宙磁流体力学等领域,形成了他独特的治学风格:不屈不挠地去攻占一个个确定的领域,一旦攻占了,又有能力完全离开它而到另一个领域。这也导致了他在学界数十年的踽踽独行。

1983年,事实证明半个世纪前钱德拉塞卡的推论是正确的,他因"有关恒星结构及其演化的重要物理过程的理论研究,特别是对白矮星结构和变化的精确预言"与美国天体物理学家威廉·福勒(William Alfred Fowler, 1911—1995)一同获得了当年的诺贝尔物理学奖。

这是一份迟到半个世纪的诺贝尔奖。

回顾数十年的风霜,事实上,在当年,玻尔、狄拉克(Paul Adrien Maurice Dirac, 1902—1984,英国物理学者,"狄拉克方程"的建立者)、泡利(Wolfgang Ernst Pauli, 1900—1958,奥地利物理学者,"泡利不相容原理"的建立者)等人私下就已经认同钱德拉塞卡的说法,只是他们都不想公开与当时国际天文学联合会主席爱丁顿起争执。

昔我往矣,雨雪霏霏;今我来思,杨柳依依。谈起当年那一幕,年逾古稀的老人依旧带着少年时的羞涩:"假定当时爱丁顿同意自然界有黑洞……这种结局对天文学是有益处的……但我不认为对我个人有益。爱丁顿的赞美之词将使我那时在科学界的地位有根本的改变……但我的确不知道,在那种诱惑的魔力面前我会怎么样。"

是啊,在那种诱惑面前,钱德拉塞卡会怎样呢?他会成为第二个爱丁顿吗?他的研究会因为沉醉于光环而停滞吗?他会因为获得了崇高的地位和荣誉而变得不再接受新的事物了吗?

什么是祸?什么是福?放在一生的长度上去看,往往模糊了界限。光环,可能是腐蚀你的毒药;而挫折,却有可能成为前进的助力。或许,钱德拉塞卡真该感谢,好在当时没有一鸣惊人。

逐梦箴言

远离光环的钱德拉塞卡，值得敬佩；被光环遮蔽了双目的爱丁顿爵士，让人唏嘘。在青年的成长过程中，最应留意的，往往不是那些沟沟坎坎，而是那些来得太早的荣耀。

知识链接

爱丁顿

爱丁顿（Arthur Stanley Eddington，1882—1944），英国天文学家，恒星内部解构理论和变星脉动理论的创始者。剑桥大学毕业。历任剑桥大学教授和天文台台长。英国皇家学会会员，英国皇家天文学会会长，英国物理学会、英国数学学会会长，国际天文学联合会（IAU，International Astronomical Union）主席。1930 年受封为爵士。1919 年率观测队赴西非观测日全食，验证广义相对论中关于光线经过引力场发生偏折的预言。发现恒星的质光关系。著有《恒星内部结构》（*The Internal Constitution of Stars*）、《空间、时间和引力》（*Space, Time and Gravitation: An Outline of the General Relativity Theory*）和《相对论的数学原理》（*The Mathematical Theory of Relativity*）等。

白矮星

白矮星（White dwarf）是一类光度低、密度大、温度高的恒星。位于赫罗图的左下方。因呈白色，体积又比矮星小，故名。光谱型为 A 型。体积与行星相近，但密度却比水大 3 万倍至千万倍。内部的压力非常高。组成白矮星的物质是极稠密的简并电子气和原子核的混合物。质量为太阳质量的 0.2~1.1 倍。已发现 1 000 多颗。天狼伴星为第一颗被发现的白矮星，也是已观测到的最亮的白矮星（8 等星）。有些白矮星表面磁场高达 102~104 特，称“磁白矮星”。

知识链接

黑洞

广义相对论预言的一种天体。其边界是一个封闭的视界面。外来物质能进入视界,而视界内物质却不能出去,因此,远处的观测者无法看到来自黑洞内部的辐射。黑洞与外界仍有引力作用。考虑到量子效应,黑洞中的质量也可转化为辐射。黑洞的质量愈小,其温度愈高,辐射愈多。

■ 天文学界的傲慢与偏见

相信不少读者读过英国女作家珍妮·奥斯丁的《傲慢与偏见》,与《简·爱》的略带悲壮的风格不同,《傲慢与偏见》洋溢着女性的睿智与生活的温情。

我们今天要讲的天文学界的傲慢与偏见则没有那么浪漫温馨,说来多少有些让人扼腕叹息——为青年的怀才不遇,为光环笼罩下的人们的迷失。

1781 年,赫歇尔在一次偶然的巡天(事实上也是必然,赫歇尔生前将整个天空分成 2 000 多个区,实行地毯式的观测)中发现了天王星,为太阳系又增加了一名新成员。

一时,天文学界乃至民间,形成了一股行星热。太阳系内还能否发现新的行星,成了很长一段时期人们关注的热点。

转眼半个世纪过去了,人们发现了一件怪事,那就是天王星实际的运行轨道越来越偏离计算的结果了。

对此,天文学界提出了两种猜测:第一种是牛顿的万有引力在广袤的宇宙空间并不是普遍适用的;第二种便是天王星附近(相对而言)还有一颗迄今还未发现的星,造成了天王星的摄动(一个天体绕另一个天体按二体问题的规律运行时,因受别的天体吸引或其他因素的影响,其轨道产生的偏离)。

支持后一种说法的人中有德国著名天文学家贝塞尔(Friedrich Wilhelm Bessel,1784—1846),因此,太阳系还存在新的行星的说法一时流行开

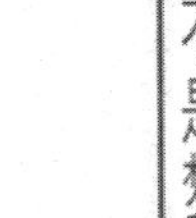

来。

然而贝塞尔的观点只是一种倾向性的观点，如何发现那颗新星，是个很棘手的问题。以当时的天文观测手段，观测天王星已然是大不易，那颗新星如果存在，将比天王星更远，如果不掌握其精确的轨道，想发现它简直就是天方夜谭。

对于逻辑比较敏感的读者应该已经读到了这句话的矛盾——一般天体都是发现了，经过一定的观察和运算，才能确定其轨道；哪有先知道轨道再发现的？

朋友，这颗新星真就是先被算出来的。

如同上文所说，知道一颗星的各种参数及其轨道，算它对另一颗星的摄动是比较轻而易举的；但反过来，通过被摄动的那颗星的状态反过去推测那颗造成摄动的星的轨道，可就难上加难了。必须先预设各种可能的情况，得到各种解，再根据新的观测结果不断从中筛选，并不时修正假设的条件，重新计算。

由于这一计算是异常艰巨的过程，所以虽然人们普遍认为存在新星，但真正着手计算的人并不多。目前所知的，只有两位年轻人——英国的亚当斯和法国的勒威耶在当时进行着这项工作。

然而，命运女神显然没有公平地眷顾这两位青年，以至于他们付出同等卓绝的能力，换来的却是截然不同的结果。

亚当斯是位贫苦农民的孩子，他能成为学者，完全是凭借优异的成绩换取的奖学金。

在学生时代，他便开始研究天文学的相关问题，在贝塞尔提出存在新星的可能性后，他便开始潜心计算这颗新星的轨道，终于在1845年得到了比较精确的，令人满意的计算结果。那一年，他只有26岁。

计算结果有了，现在万事俱备，只差通过实地观测去验证了。他怀着激动的心情去拜访当时皇家天文台的台长、著名天文学家艾里（George Biddell Airy，1801—1892）爵士。

当时已经功成名就的艾里对这个只有26岁的乡下来的后生是不屑一

顾的，连亚当斯的来意都不问，编了个理由就将亚当斯拒之门外了。亚当斯只好求自己一些还能说得上话的朋友将自己的论文呈递上去。艾里算是好歹收到了亚当斯的论文，但只看了一眼摘要，就搁在一边了——艾里本来就抱持万有引力在宇宙空间不普遍适用的观点，看到这么一个来自无名小辈的质疑，冷漠中多少还带了点恼怒。

亚当斯一颗火热的心在艾里这里被透透地浇了一盆冷水。但他不灰心，又将论文呈给剑桥大学天文台台长沙利（James Challis，1803—1882），沙利倒是不像艾里那么傲慢，表示愿意一试，但并不认为这个年轻人会有什么惊人的发现，所以并没有进行认真的观测。

在亚当斯陷入胶着之时，让我们抽身来看看勒威耶这边的情况。

勒威耶同样出身贫寒，他的父亲为了攒他上学的学费，甚至卖了一间房子——砸锅卖铁也要供孩子读书，父爱的伟大，于此也可见一斑。

毕业后的勒威耶成为了一名天文学教师，研究太阳系的稳定性问题，并由于这一研究而结识了巴黎天文台的台长，著名科学家阿拉果（Fran.ois Jean Dominique Arago，1786—1853）。

阿拉果虽也是学界领袖，但他懂得自觉地远离光环，十分看重年轻学者的新发现，丝毫不因自己是权威而将对自己的质疑斥为异端、愚蠢。

一开始，阿拉果和勒威耶都对水星在近日点的摄动产生了浓厚的兴趣，并一致认为在太阳与水星之间，存在着一颗尚未被人发现的行星，并着手进行计算。

现在，人们知道这颗“星”并不存在，水星的“摄动”是相对论效应的结果，但是当时，离爱因斯坦的诞生尚且有半个世纪，人们哪里能看透这一点呢？

虽然对这颗“新星”的探索后来被证明是虚妄的，但通过计算这颗行星而逐渐掌握的根据摄动情况反推行星轨道的算法，对勒威耶日后发现那颗存在的新星，有莫大的帮助。

在贝塞尔提出他的假设之后，勒威耶也开始计算那颗天王星外的新星的轨道，1846年8月31日，勒威耶算出了这颗星精确的轨道并写成了论文。

这位晚辈将自己的论文拿给阿拉果看，阿拉果认真地读完了勒威耶的论文，对其大为赞赏，并帮助勒威耶将论文寄给了柏林天文台的学者伽勒——因为当时柏林有全欧最好的望远镜与最好的星图。

论文和信寄到伽勒手中的日子是9月23日，那天恰是他的老师恩克(Johann Franz Encke，1791—1865)的55岁大寿，恩克建议伽勒马上去验证一下，如果证实了新星的存在，那将是天文学界的巨大发现，而这，比任何礼物都让老师高兴。

于是，伽勒根据勒威耶详细的计算表以及信中的提示“把您的望远镜指向宝瓶星座，黄道上黄经为326度处，在这个位置1度的范围内定能找到新的行星。这是一颗9等星”仔细地观察那一天区的每一颗星，并与最新修订的最详细的星图比较，终于发现了一颗星图上没有的星。

第二天，伽勒又对这颗星进行了缜密的观测，发现它移动了70角秒，与勒威耶所预言的每天移动69角秒相符合——至此，可以肯定地说，人类又发现了一颗新的行星。

柏林天文台沉浸在巨大的喜悦中，伽勒立即给勒威耶写了一封回信，告知这一喜讯。

19世纪40年代末，德法的关系已不能说融洽，而两国的学界却通力合作，完成了天文学史上一大壮举。学术的力量，使人们超越了各自的立场。

德法这边喜气洋洋，共同举杯庆祝。英国可红了眼，艾里马上令人从一堆随意摆放的杂乱的纸堆中翻出了一年前亚当斯的那篇论文——结果相差无几。

艾里知道一个伟大的发现就这么葬送在了自己手里，然而悔之晚矣。这位学术官僚日后虽然依旧在学界呼风唤雨，但一想到自己当年的重大失误，总让他不禁赧颜。

英法两国对这颗新星的命名起了争执，阿拉果力挺自己的爱徒，建议将其命名为“勒威耶星”，勒威耶本人则十分谦逊，他由衷地感谢自己遇到了阿拉果这样虚怀若谷的好老师，同时也为亚当斯和艾里惋惜，他们都是光环的受害者。

勒威耶知道，如果将这颗星命名为“勒威耶星”，那么这颗星便成了他个人的光环，日后自己会不会因为这光环而变质，他本人都没有把握。

于是，勒威耶选择了远离光环，将这颗星按照行星的命名习惯，命名为“海王星”（Neptune）。

尔后，勒威耶系统地研究了行星运行理论，取得了一个又一个新的成就。由于当初选择远离光环，他果然成了又一个让人钦佩的阿拉果，而不是又一个让人扼腕的艾里。

逐梦箴言

同样的努力，迥异的结果。光环让人失去平常而公正的心态，失去准确而敏锐的目光。即使把真理贴在光环下人们的眼前，他们也会视而不见，失之交臂。

知识链接

海王星

海王星（Neptune），太阳系八颗行星之一。按距太阳由近及远的次序为第八颗。1846 年法国天文学家勒威耶（Urbain Jean Joseph Le Verrier，1811—1877）和英国天文学家亚当斯（John Couch Adams，1819—1892）根据天体力学理论同时计算出它的位置。后经德国天文学家伽勒（Johann Gottfried Galle，1812—1910）用望远镜发现。与太阳平均距离 30.06 天文单位。赤道直径为地球的 3.9 倍，质量为地球的 17.2 倍，密度为水的 1.8 倍。公转周期 164.79 年，自转周期 19.2 小时。赤道面与轨道面的交角 28.8°。公转轨道近似圆形。它的大气里含有甲烷和微量的氨。表面温度约-200℃。有 2 颗卫星。

火神星

火神星（Vulcan）是早期为了解释水星实际的近日点进动与计算出的数值上的差异而被假设存在的一颗行星。按古典力学的方法计算，水星在受到太阳和其他行星的引力摄动下，其近日点在每世纪会东移574角秒，但实际观测的数字是531角秒，与预期的相差43角秒，于是人们便假设水星轨道以内，尚有一颗未被发现的行星。现在这一假设已被爱因斯坦的广义相对论排除，其与日全食时星光在太阳引力场中的弯曲以及白矮星光谱线红移成为证实广义相对论最有力的三个天文学例证。

海王星发现的另一种版本

一百多年来，天文爱好者一提到亚当斯，就觉得他是倒运的英雄，倒运的英雄最容易得到同情，所以亚当斯无论生前身后，头上都有荣耀的光环。这是海王星发现的传统版本。

新的版本认为是英国的精英天文学家们，受爱国心驱使，不惜集体造假，塑造了亚当斯这个悲剧英雄。

20世纪60年代，巴尔的摩的海王星研究者丹尼斯（Dennis Rawlins）首先怀疑英国科学家造假。他认为沙利找了六个星期都没找到海王星，伽勒不可能只花了不到一小时就找到。他为此向皇家格林尼治天文台要求阅读当时的原始档案，但皇家格林尼治天文台的回答都是："经过一再的寻找，这些失踪的文件仍然找不到。"

丹尼斯觉得非常不可思议：如此重要的，又牵涉英国国家荣耀的科学档案，怎会就这样不见了呢？况且亚当斯的原件被艾里锁进皇家格林尼治天文台图书馆的保险箱后就拒绝对外开放，到二次大战后仍然如此。

经过一番调查，丹尼斯得知皇家格林尼治天文台的图书馆在二战时为躲避德军的空袭全部移至汉布什尔附近的临时仓库，1956年又搬到苏塞克斯。由于频繁搬家的关系，这时候皇家格林尼治天文台的图书馆相当混乱，"海王星档案"就是在这一段时候失踪的。而私自拿走亚当斯当年论文的人，被锁定为艾根（Olin J. Eggen）。艾根在1956至1961年间曾担任皇家天文官理查德（Richard Woolley）的首席助理，身份特殊，随后离

职，却又在1963年再次担任这个职务，一年后被理查德开除，移民到智利，担任塞莱娜天文台(La Serena Observatory)的台长。海王星档案的失窃，极有可能发生在其担任首席助理期间。

1994年，皇家格林尼治天文台宣布"海王星档案"失踪，迄今未寻获的消息后，舆论大哗。皇家格林尼治天文台正式发函询问艾根。艾根则两度回函否认曾拿走"海王星档案"。皇家格林尼治天文台担心艾根销毁证据，没有展开进一步调查。

1998年10月2日，艾根突然病故，塞莱娜天文台的同事替他料理后事时居然在他的宿舍内意外地发现了一堆重达100多千克的文件，包括保存完好的"海王星档案"、60多本皇家格林尼治天文台的绝版书，都极为珍贵。这位同事打电话通知皇家格林尼治天文台，天文台派帕金斯前往赛拉托洛洛(Cerro Tololo)取回这批档案。

"海王星档案"的现身，让学界重新认识了海王星的发现经过。研究员科勒斯特姆博士(Dr. Kollerstrom)受聘为皇家格林尼治天文台做文件复制工作，得到了看第一手资料的机会。他非常用功地审阅档案，弄清了事情的原委，于是和研究科学史的威廉(William Sheehan)、瓦夫(Craig B. Waff)共同发表了一篇文章《偷星事件：英国偷走了海王星吗？》(The Case of the Pilfered Planet: Did the British steal Neptune?)颠覆了传统的认知。

他们指出，英国在勒威耶发现海王星后两个月内所发表的有关亚当斯的文件，其实并非亚当斯的原件，而是艾里在亚当斯资料里精心挑选过的。亚当斯根本没有正确指出第八颗行星的方位，而是泛指了大约广达20度的天际，艾里所公诸于世的文件，只是其中几行在事后证明是接近正确方位的部分计算表。

知识链接

智慧心语

峣峣者易缺，皎皎者易污。《阳春》之曲，和者必寡，盛名之下，其实难副。

——《后汉书·黄琼传》

人生大病，只是一"傲"字。

——（明）王阳明

但开风气不为师。

——（清）龚自珍

学术之所争，只有是非真伪之别耳。于是非真伪之别外，而以国家、人种、宗教之见杂之，则以学术为一手段，而非以为一目的也。未有不视学术为一目的而能发达者，学术之发达存乎其独立而已。

——王国维

我爱我师，但我更爱真理。

——[古希腊]亚里士多德

第十章

反思之为责任

导读

瑞·蒙克为出生于奥地利的英国学者维特根斯坦（Ludwig Josef Johann Wittgenstein）写过一部传记，书名就叫《天才之为责任》。天才，本是风光无限的，加上“责任”二字，便少去几分炫目耀眼，平添数抹凝重庄严，甚至蒙上了一层受难的神圣色彩，这是责任的神奇所在。那么，学者的责任是什么呢？最好的答案莫过于反思。经由反思，从一切虚妄偏执中解脱出去，在一切繁华喧嚣中沉静下来。

读书之为生涯

作为全书的大轴，本章是对前面内容的一个梳理和总结。在阅读了多位学者的故事后，现在我们要反观自己，看自己可以从这些先贤身上汲取些什么，如果我们想成为一名出色的学者，又应在哪些方面有所作为。

一个学者的必备素质包括很多，譬如自学的能力、迁移知识的能力、见微知著的能力等等。但是归结到如何培养出这些素质，我认为做好两件事便足够了，一则是基础性的，一则是提高性的。

这基础性的便是读书，它是进入学术世界唯一的钥匙。

读书不光是为了完成知识的积累，它能把人带入一个与日常柴米油盐、功名利禄的生活迥异的超越的世界。只有触碰到这个超越的世界，并主动追求那种超越性，才配当一名学者。

书那么多，读些什么呢？

《读书》杂志创刊号的发刊词说得好——“读书无禁区”。

在今天的语脉下解释读书无禁区，一来是不因无由的偏见对某个领域横加拒斥——“‘DWEM’（已死的白种欧洲男人）的书不读！”“鬼子的书不读！”一本出自敌人之手的书，未尝没有知识的营养、思想的矿藏。

二来是不因畏难的情绪而对某个领域望而却步——“带公式的书，我哪看得懂！”“都是术语，不是我这种菜鸟的菜！”一本至为艰涩繁难的书，只能读懂半分，这半分难道不是所得？

三来是不因功利的目的对某些领域视而不见——“我一个研究考古

的，读经济学的书有什么用呢？”达尔文（Charles Robert Darwin）的进化论参考了经济学者马尔萨斯（Thomas Robert Malthus）的《人口论》（*An Essay on the Principle of Population*），学术史上这种于其他学科获得启发的例子比比皆是。

了解了读书无禁区，我们还须知道：读书无禁区，不代表读书无选择。特别是作为一个学者，选书应该成为其基本功之一。

书海无涯，而吾生有涯。如果一个人学生时代唯一的课外读物是教辅，而成人之后把所有读书的时间都耗在经管励志专区，则很难想象此人会成为一名学者。当然，教辅也好，经管励志类图书也好，都有其确切的功用和急需的对象，这里绝没有将书分成三六九等的意思，只是注意到有些书较适合学者，有些书不那么适合而已。

学者，或希望成为学者的人，要如钱锺书先生所说，读一读古今中西的“大经大典”，让全人类最伟大的智慧和思想将自己滋养一番，形成一个完善的知识框架。用当下时髦的词说，便是所谓“通识教育”。有了广度，还需有深度，对于自己研究领域内的书籍和文章，更是要时时关注，加以精读。

闲暇的时光，则最好读一些出色的文艺作品，一本卡夫卡的《诉讼》或是马尔克斯的《百年孤独》，里面当然不会有什么最新的学术成果，但读这些书，可以引发人对于生命、世界的思考，在这一点上，与学者的气质是相通的。

至于励志经管类的书，也不妨择其佳品读一两本，接受一些正面的暗示，总归是好的。

知道了读什么，接下来是怎么读。我们来看看先贤们的建议。

诸葛亮认为读书要“独览其大”，也就是要抓住重点。钱锺书认为读书应先删去枝节，观其主干。陶渊明主张“好读书，不求甚解”。鲁迅先生说遇到难以理解的问题不要纠结停滞，不妨绕开，先读后面的部分，可能在这期间便获得了提示或答案，之前的问题也就自动解开了。老舍先生说拿起一本书，也不要管翻开到哪页，读得有感觉，便一口气读下去。梁漱溟则强调书要带着问题读。

更有美国教育学家莫提默·J·艾德勒(Mortimer Jerome Adler),1940年出版了一本《如何阅读一本书》(*How to Read a Book*),将读书的个中三昧说了个通透,至今重版十数次,仍畅销不衰。

个人认为,人的资质总有参差,具体的读书方法也不必拘泥于一种,强求某种“最佳”书法,将“逍遥游”练成“苦恼爬”,反为不美。

钱锺书绝顶聪明,一目十行;梁漱溟呆笨无匹,字字较真,不是都成为大学者了吗?

关于读书,就说这么多。当经由读书进入知识的世界之后,当获得了作为一个学者最根本的超越性之后,其他那些具体的素质,都会随着治学经验的累积而逐渐获得。这正如佛学中所谓的先修根本智,再修后得智。总之,读书不可以已,选择成为学者,就选择了读书作为自己的生涯。

■ 反思之为责任

那提高性的,便是反思。

首先来解释一下何谓“反思”。学哲学的朋友对此应该不陌生。反思有一个非常精辟的解释——“对思的思”。如果仅就思想而言,学者其实并不优于其他领域的人:政治家有治国的思想、军事家有用兵的思想、企业家有经营的思想、工程师有设计的思想。

然而对这些思想再进行思考,通过否定之否定获得更高一层的认识,便是学者的特长了。

思想已然是人类对日常生活的超越,超越了一次尚不满足,继续超越,便是反思。因为寻求超越是学者的使命,所以反思之于学者,是终极的责任。

人为什么,或者说至少学者为什么一定要反思?因为思想是会自然堕落腐化,与其初衷背道而驰的事物。

拿中国儒家的三纲五常来说,这一思想原本是出于对野蛮、败坏的习性的反思与对抗。我们细看其内容,君主贤明、臣子忠良,有什么不好?父慈子孝,有什么不好?夫妻和睦、举案齐眉,有什么不好?仁慈、守信、明理、恪守礼仪而伸张正义,有什么不好?都没什么不好,但当这种一切皆善的思想被巩固和确立下来,便悄悄地变质了。

以孝为例,孝的本义是希望人们深入地理解家庭中的伦理关系,自觉维护家庭的秩序与和谐。但发展到了卧冰求鲤、郭巨埋儿的阶段,就几近变态了。不仅没有促成家庭的和谐,反为家庭成员之间蒙上了一层阴影。

鲁迅先生说他儿时最忌惮祖父，生怕他哪天身体不适，父亲把自己给埋了。

其他，诸如忠、仁、义、礼一类，也大抵如是，不是沦为上级奴化下级的工具，便是成为迂阔无用的形式。最重要的，当初经过深思而形成的思想成果，如今却导致人们的不思——忠、孝成为人们无条件地、不自觉地遵守的准则，成为不言自明的真理。

鉴于此，为了让这些变了质的思想重新发挥正面的作用，就要对其进行反思，剔除掉其中溃烂的、陈腐的部分，替代以新鲜、健康的元素。

同理，那个之前作为反思的思想，一旦获得了反思的胜利，成为新的“主流”与“正统”，也会面临同样的腐化的命运。

进入20世纪以来，尤其在第二次世界大战之后，欧美的大众文化以星火燎原之势蔓延开来，极大地占领了公众的生活，左右了公众的思维。娱乐片、肥皂剧、通俗小说中充斥着大量主流的庸常的市民化的价值观，宣传右派的保守的思想，成为了传达主流意识形态的绝佳载体。

欧美的很多学者敏锐地注意到了这一点，纷纷著书立说，对这一现象进行反思，提醒人们警惕大众文化对人的催眠，人们应当时刻保持清醒的批判意识。其中以奉行西方马克思主义的法兰克福学派的反思最为深刻，在社会上引起的反响也最为强烈。

1964年，法兰克福学派的学者马尔库塞发表了其代表作《单向度的人》(*One-Dimensional Man: Studies in the Ideology of Advanced Industrial Society*，一译《单面人》)，成为这场反思运动的旗帜。

但当他们的学说在公众中的影响越来越大，以至于有些学生竟罢课去为反对消费社会而游行，高呼“商品是人民的鸦片”，最后愈演愈烈，间接成为五月风暴的导火索时，这些学者意识到自己的思想又成为新的意识形态，不再引导人们反思而是让人们盲目地疯狂地去信奉。

于是，他们又纷纷在讲坛上呼吁学生对抗争行为本身也要有清醒的认识和反思，不要采取过激的行为。

法拉克福学派这一代老左派的思想，受到了后起的新左派，如福柯的反思。福柯在与他老师萨特论战时公开表示：“钦佩老一辈英勇慷慨之士，

他们对于生活、政治与存在,确实抱有激情。可我这代人另有所爱,即一心迷恋观念系统。”而赛义德又从后殖民主义的角度对福柯的思想进行反思……

除了这种历时性的反思之链,还有共时性的反思之环。譬如程朱理学的格物致知是对象山心学的反思;象山心学的明心见性又是对程朱理学的反思。

可见,反思是没有终结的,学者永远没有百年的交椅可坐,他们时时处于超越的紧张之中。也正是这种永恒的紧张和反思,才使人类文明历久而弥新,不断获得崭新的力量,追求更真、更善、更美,生生不息。

■ 我的未来不是梦

综上，成为学者并非遥不可及的梦想，记住四个字、两件事，并努力践行之，你一定可以步入知识的殿堂，成为一名学者。

如果本书前面介绍的那些硕学鸿儒之渊博之深刻把你吓怕了，生出了一些高山仰止的情绪，那么，在本书的最后，我打算举一个最不见经传的学者的例子，看罢你会由衷地相信：我的未来不是梦。

有个叫中勘助的小学生，他受到过很好的汉学教育，对中国很有感情。时值甲午战争期间，他同班的那些小同学成天嚷嚷着"大日本帝国必胜"，让他很是心烦。他拿出世界地图，对那些都不知道中国在哪儿的同学说："我们的国土这么小，资源这么少，怎么可能打败那么庞大的敌人呢？所以我想我们会输的。"

同学们一听都傻了，叫来老师："老师，他说我们会输！"老师倒是并没有勃然大怒，而是保持着教育者的高姿态，对这位小童循循善诱、谆谆教诲："孩子，我们怎么会输，我们有'大和魂'啊。""那支那（当时的语境如此，此处一仍其旧）人也有'支那魂'吧？"被这么一抢白，老师有些不知所措，只好拿历史来说事儿："我们历史上有北条时宗（抗击蒙古舰队的主将）、加藤清正（侵略朝鲜的主将）。""支那历史上的关羽、张飞不也是万人敌吗？"老师哑口无言了，只好撂下一句："某些人不懂大和魂。"便悻悻而去。

小孩子的想法自有其幼稚的一面，譬如说战争的胜利，哪是取决于国土面积这么简单。但他阅读了很多（以他那个年龄的接受能力）关于中国

的书籍，并能将从中吸收的知识精确地用于与老师的辩论，这体现出了他读书的努力和运化知识的能力。在同学乃至老师都为“大和魂”的神话所陶醉的时候，他能清醒地对其进行质疑，这体现出一种反思。这个叫中勘助的小学生难道不配叫学者吗？他是一个绝对够格的小小学者啊！

欢迎你加入学者的队伍。这世界上每多一位学者，便少一分愚昧、野蛮、残暴与强权。一代又一代学者前赴后继传递的，是理性与自由之国不灭的火种。

逐梦箴言

“为天地立心，为生民立命，为往圣继绝学，为万世开太平。”

——张载

知识链接

法兰克福学派

法兰克福学派(Frankfurt School)，现代西方哲学与社会学派别，西方马克思主义(Western Marxism)主要流派之一。20世纪30年代初在德国出现，50、60年代在美国、联邦德国等地广泛传播。主要代表人物有霍克海默尔(Max Horkheimer，1895—1973)、阿多诺(Theodor W. Adorno，1903—1969)、马尔库塞(Herbert Marcuse，1898—1979)、弗罗姆(Erich Seligmann Fromm，1900—1980)等，因他们于1931年前后都曾在德国法兰克福大学社会研究所工作，故名。1933年纳粹执政后，霍克海默尔等迁居美国，在哥伦比亚大学重建研究所(40年代初迁至伯克利加利福尼亚大学)。1950年，霍克海默尔与阿多诺回到联邦德国，在法兰克福大学恢复原来的研究所，并在科隆、慕尼黑等地新建组织。该派的主要任务在早期批判过法西斯主义与

知识链接

资本主义，后以“马克思主义的现代化者”自居。认为现代资本主义社会已变为“发达的工业社会”，工人阶级富裕起来后不再是革命的动力，现在的革命力量是“新左派”，包括“激进”的青年知识分子及受排挤和被遗弃的社会阶层。该派成员众多，学说因人而异，一般认为其共同特征大体为：用弗洛伊德主义以及存在主义的人本主义来代替马克思主义的辩证唯物主义与历史唯物主义；用新黑格尔主义的所谓“辩证法”来代替马克思主义的唯物辩证法；用该派的“社会批判理论”来代替马克思主义的科学社会主义。

智慧心语

人类是关切存在的一种动物。当个人不关切自身存在时，他便显现出心理治疗中的“无主”和“逆人格化”状态，他丧失了自身的存在，也即丧失了自身的潜能。

——[德]海德格尔

许多人之所以没有成功，不是因为在奋斗的过程中败给了强劲的对手，而是还没有努力就放弃了。一个对自己没有信心，不敢去争取，不敢去拼搏的人，永远无法获得成功。

——[法]福柯

笃信是不具有创生力的。

——[德]本雅明

对我来说有趣得多的是，如何在心灵中保有一个空间，能够开放给怀疑以及部分的警觉、怀疑的反讽——最好也是自我反讽。

——[美]萨义德《知识分子论》

当有一天人类所有文化所形成的色彩或彩虹终于被我们的狂热推入一片空无之中；只要我们仍然存在，只要世界仍然存在，那条纤细的弧形，使我们与无法达致之点联系起来的弧形就会存在，就会展示给我们一条与通往奴役之路相反的道路。

——[法]列维·施特劳斯《忧郁的热带》